田中真理・横田晋務 編著
Mari Tanaka & Susumu Yokota

障害から始まるイノベーション

Disabilities create
social innovations

●ニーズをシーズにとらえ直す障害学入門

北大路書房

まえがき

　本書のタイトルをご覧になってどのように感じられたでしょうか。「なぜ？」と感じた方もいらっしゃるかもしれません。「障害」と「イノベーション」。一見すると繋がりにくいワードかもしれませんが，世の中には障害者向けに開発された技術が一般にも浸透している例がたくさんあります。例えば，私が今使っているPCのキーボード。元となるタイプライターは，目の不自由な人でも読みやすい文字を書けるように発明されたといわれています。このように，障害のある人のアクセシビリティ(使いやすさ，移動しやすさ)を高めるためのニーズは，実は誰もが使いやすい便利な技術を生み出すシーズとなります。

　このような社会的イノベーションを創出するためには，まず障害について知る必要があります。本書の2章から7章では，障害を社会の制度，施設や設備，通念によって形成される障壁であるとする「社会モデル」からとらえ直し，その社会的バリアの実情をまとめました。そして，8章から13章では，アクセシビリティ向上のための支援技術についてわかりやすく解説しました。続く14章から22章では，福祉社会学や工学といったユニバーサルデザインをイメージしやすい専門分野から，人類学やアートといった一見すると障害とは密接に関連しないようなさまざまな専門分野からみたユニバーサルデザインについて，研究知見をまとめています。

　また，各章の末尾には「考えてみよう」と題してイノベーションにつながるようなトピックについて考えていただく問題を用意しました。ぜひご自身に引き付けて，何ができるのか，どうすればよいかを考えてみてください。本書を通じて，たくさんの社会的イノベーションのシーズが生まれることを願っています。

2023年3月　横田　晋務

目　次

I

>>>>>>>>>>

障害の社会モデル

「障害」とは何か

（1）個人モデルと社会モデル

「障害とは何ですか」「障害者とはどのような人のことですか」と問われたら，あなたはどのように表現しますか。

この10年ほどの間に，「障害」をとりまく環境は大きく変化してきました。その大きな一翼を担ったのは，日本が2014年に批准した国連の「障害者の権利に関する条約」（**障害者権利条約**）や2016年施行「障害を理由とする差別の解消の推進に関する法律」（**障害者差別解消法**）2021年改正障害者差別解消法を中心とする法的な整備です。このような国際条約や国内法令の法的動向により，大きくパラダイムシフトとしたのです。つまり，それまで，障害者支援は親切な人・思いやりのある人それぞれができる範囲の中で，その人の善意によって行われてきたものという位置づけから，法令遵守（コンプライアンス）としての位置づけへ転換されたということです。権利と義務という言葉を用いるならば，「障害者が全ての人権及び基本的自由を差別無しに完全に享有することを保障することが必要」（障害者権利条約前文）であり，国はこのことを確保する，および促進する義務を負うことになります。

それでは，その中で「障害者」がどのように定義されているのか，みてみましょう。障害者権利条約では，「障害者には，長期的な身体的，知的または感覚的な機能障害であって，さまざまな障壁との相互作用により他のものとの平等を基礎として社会に完全かつ効果的に参加することを妨げ得るものを有する者を含む」（第一条）と定義されています。また，障害者差別解消法では，「身体障害，知的障害，精神障害（発達障害を含む。）その他の心身の機能の障害（以下「障害」と総称する。）がある者であって，障害及び社会的障壁により継続的

障害者権利条約	障害者差別解消法	
長期的な身体的，知的または感覚的な機能障害	身体障害，知的障害，精神障害（発達障害を含む。）がある者	機能障害
＋		
さまざまな障壁との相互作用により他のものとの平等を基礎として社会に完全かつ効果的に参加することを妨げ得るものを有する者	障害及び社会的障壁により継続的に日常生活又は社会生活に相当な制限を受ける状態にある者	環境や社会の中にある障害

図1 「障害」の定義

に日常生活又は社会生活に相当な制限を受ける状態にあるものをいう」（第二条）と定義されています。これらに共通している障害のとらえ方とは何でしょうか。機能障害がある人を障害者というのではなく，これに加え社会への参加を妨げるものや生活に相当な制限を受ける者ということです。つまり，障害は環境や社会の中に存在している**社会的障壁**であるという考え方です（図1）。

「障害者＝機能障害＋社会的障壁」の図式の中で「障害」をとらえたとき，機能障害だけでは障害者とは定義されないことになります。「機能障害のある人≠障害者」ということです。歩行機能に障害があっても，「障害者」とはいえない状況とは具体的にどのような社会のことでしょうか？　車いすのユーザーを例にとると，段差がなくスロープが整備された設備の構造となっているため移動や生活に相当な制約もなく，歩行障害があることによって学校や仕事の選択肢が極端に限定される制度もなく，周囲からの偏見もなく，社会参加できる状況ということです。逆に，生活を送るうえでの物理的・制度的・心理的なバリアが環境の中に存在している場合，これらが社会的障壁となり「障害者」ということになります。Ⅱ部では，視覚障害・肢体不自由・内部障害・病弱虚弱・聴覚障害・発達障害・精神障害のそれぞれについて，どのような社会的障壁が生じるのか，日常場面，修学場面，就労場面に分けて説明をしています。

このように障害は社会の中にあるという考え方を**社会モデル**といいます。一方，障害が個人の中にあるという考え方は**個人モデル**です。図2は，個人モデルと社会モデルの両者のモデルを，視覚障害，聴覚障害，精神障害，発達障害の事例で，大学の授業場面等を例に挙げて示しています。障害状況について何が問題でどのようなアプローチが考えられるかを，個人モデルに立ったとき，社

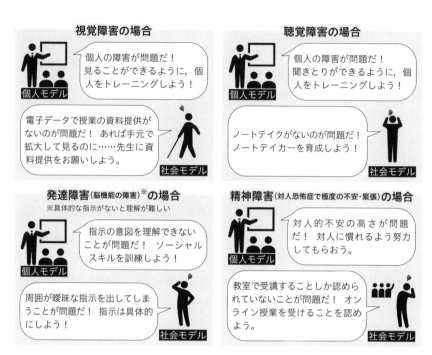

図2　個人モデルと社会モデル

会モデルに立ったときとでどのように異なるか整理してみましょう。

　「障害とは何か」「障害者とはどのような人のことか」という本章冒頭の問い
に対して，まずこの両者が同じだと考えた人，また図2に示した個人モデルと
しての答えをイメージした人が多いかもしれません。しかし，近年では，障害
の社会モデル，つまり，障害は社会の中にあるという考えが広がってきていま
す。したがって，社会の中にある障壁を低減することが求められているのです。

(2)「障害」と環境

　上述してきたように「障害者」の定義は，環境との相互作用に大きく依存す
るととらえることができます。このこととも関連して，人の生活状態のモデル
を示している世界保健機構（WHO）の**ICF**（International Classification of
Functioning, Disability and Health）**モデル**を紹介しましょう（図3）。1980年

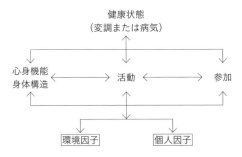

図3　ICFの構成要素間の相互作用

に国際疾病分類（ICD）の補助として発表したWHO国際障害分類
（International Classification of Impairments, Disabilities and Handicaps：
ICIDH）が用いられてきましたが，WHOでは，2001年5月の第54回総会に
おいて，その改訂版としてこのICFモデルを採択しました。

　このモデルでは，人の生活機能と障害について「心身機能・身体構造」「活
動」「参加」の3つの次元および「環境因子」等の影響を及ぼす因子で構成され
ており，環境因子との相互作用を明確に位置づけています。旧来のICIDHが身
体機能の障害による生活機能の障害や社会的不利といったマイナス面を分類す
るという考え方が中心であったのに対し，ICFは生活機能というプラス面から
みるように視点を転換し，環境因子という観点を加えたことが大きな変更点と
なっています。ICFにおいて，**環境因子**（environmental factors）とは「人々
が生活し，人生を送っている物的な環境や社会的環境，人々の社会的な態度に
よる環境を構成する因子のことである」と定義されており，「物的環境や社会的
環境，人々の社会的な態度による環境の特徴がもつ促進的あるいは阻害的な影
響力」をもつため，環境因子は生活機能と障害への外的影響を及ぼすとしてい
ます。このように，障害は個人属性ではなく，その多くが社会環境によってつ
くり出されたものであるとするならば，必要な環境の変更は社会全体の共同責
任だといえるでしょう。

　多様性を尊重しつつ包摂的な社会を築くための環境をどのようにデザインし
ていくのか，特に心理的バリアの解消に向けた取り組みについては，20章「イ
ンクルーシブな社会のデザイン」で紹介しています。

（3）Nothing about us without us !

　2015 年 9 月の国連サミットにおいて加盟国の全会一致で，**持続可能な開発目標**（Sustainable Development Goals：**SDGs**）が採択されました。2030 年までに持続可能でより良い世界を目指す国際目標として，17 のゴール・169 のターゲットから構成され，発展途上国のみならず，先進国自ら取り組むユニバーサル（普遍的）なものであり，日本としても積極的に取り組んでいます。この中で繰り返し出てくるワードのひとつが，**インクルージョン**（inclusion）です。例えば，ゴール 4「教育」では，"Ensure inclusive and equitable quality education and promote lifelong learning opportunities for all."（すべての人に包摂的かつ公正な質の高い教育を確保し，生涯学習の機会を促進する），ゴール 9「産業」では"Build resilient infrastructure, promote inclusive and sustainable industrialization and foster innovation."（強靭なインフラ構築，包摂的かつ持続可能な産業化の促進およびイノベーションの推進を図る），ゴール 16「公正な制度」では，"Promote peaceful and inclusive societies for sustainable development, provide access to justice for all and build effective, accountable and inclusive institutions at all levels."（持続可能な開発のための平和で包摂的な社会を促進し，すべての人々に司法へのアクセスを提供し，あらゆるレベルにおいて効果的で説明責任のある包摂的な制度を構築する）等です。真にinclusive であるためには，すべての人を包摂することが求められます。

　このことを SDGs では，地球上の「誰一人取り残さない(leave no one behind)」という言葉で誓っています。あなた自身が「わたしは取り残されている」と感じる場面，あるいはあなたのまわりに「わたしは取り残されている」と感じている人はいないでしょうか。例えば，大学で講義を受けているとき，視覚障害のある学生が配布されたプリントを読み取ることができない場面で，教員が「この写真をみてください。どんなことを感じますか」などと問われ，周囲の学生は次々に回答しどんどん授業が進んでいったとしたら……？　その学生は，教材として配布された情報にアクセスできず，みんなが同じように視覚情報を受け取ることができるという認識が前提となっている場面では，「わたしは取り残

図4　インクルージョン啓発ポスター（九州大学アクセ
シビリティピアサーポーターによる作成）

されている」と感じざるを得ないでしょう。トランスジェンダーの学生が，授業でのグループ分けで，見かけの姿の男女でグループ分けをされるとしたら……？　見かけの性と，自認している性とが一致していることを暗黙の前提とされている状況では，そうではないその学生にとっては「わたしは取り残されている」と感じずにいられないことは想像に難くありません。

　このように，自分たちのごく身近に（自分自身も含め）どのような人がどのような理由で「わたしは取り残されている」ということに直面させられているのか，今一度想像をめぐらすことは重要です。図4は，その想像を膨らませることをねらいとした啓発ポスター「障害を生み出しているのはあなたかも」です。「私は取り残されている」と感じてしまう状況，当事者が「わたしはここにいる」ことを確認せざるを得ない状況もどちらも，そこに「わたし」が参加し

表1　国連障害者権利条約採択までのあゆみ

1975年	「障害者の権利宣言」採択
	日本も共同提案国となり，障害の種別や程度を問わずあらゆる障害のある人を対象
1976年	1981年を「国際障害者年」とすることが決議
1982年	「障害者に関する世界行動計画」，「国連障害者の十年」（1983年〜1992年）宣言採択
1993年	「障害者の機会均等化に関する標準規則」採択
	障害の社会的障壁を取り除くべきとの理念が示され障害者差別撤廃のための条約作成を提案する動きもありましたが，コンセンサスに至らず
2001年	「障害者の権利及び尊厳を保護・促進するための包括的総合的な国際条約」（メキシコ提案）採択
	諸提案について検討するため「アドホック委員会」の設置決定

ていないことを意味します。この意味で，障害者権利条約のNothing about us without us！（私たち抜きに私たちのことを決めないで！）の理念が重なってきます。Ⅲ部で触れる，「色覚異常」の当事者の色覚を出発点としたカラーユニバーサルデザインの手法や，知的障害のピクトグラムの理解しやすさを丁寧に調査した結果をふまえたグラフィックデザイン等は（9章「色彩変換技術と色覚多様性アクセシビリティ」，12章「グラフィックデザインとサインアクセシビリティ」），この理念を具現化しているひとつの取り組みといえます。また，17章「人類学からみたユニバーサルデザイン」で触れているエスノグラフィーは，当事者の見方を深く理解する表現方法として紹介されています。

　国連で障害者権利条約が採択されるまでには，表1に示すさまざまな取り組みがありました。表の最後に示されているアドホック委員会の会合は2002年から8回にわたって行われ，このような長いプロセスを経て2006年12月13日，障害者権利条約が国連総会で採択されました。そのときの会場の熱気は次のように記されています。

　時計の針はすでに20時を指そうとしている。公用語の通訳は帰ってしまい，もっぱら英語で議論が続けられている。傍聴席を埋めた250人と本フロアの政府代表250人，合わせて500人近くが見守る中，ドン・マッケイ議長が「そろそろ機は熟しているように思う。討論を終えて特別委員会として採択したい」と発言，その瞬間，拍手と歓声，口笛と足踏みとは国連議場を覆いました。私は高揚する気分の中で，まるで議場が揺れ動いているように感じていました。わたしにとっての「永遠の一

瞬」でした。（藤井，2014）

「アドホック委員会条約」の起草に関する交渉は，政府のみで行うのが通例ですが，このアドホック委員会では，障害者団体も同席し，発言する機会が設けられたのです。これがまさに，「"Nothing about us without us !"（私たち抜きに私たちのことを決めないで！)」というスローガンが具現化したものでした。障害者自身が主体的に関与しようとの意向を反映し，名実ともに障害者のための条約を起草しようとする，国際社会の総意でもありました。

　日本からも障害当事者が顧問として参加し，積極的に交渉に関与し，2007 年9 月 28 日，日本は国連本部で障害者権利条約に署名し，2008 年，障害者権利条約が正式に発効しました。

(4) インクルーシブキャンパス

　ここでは高等教育機関について考えてみましょう。上述の国連障害者権利条約 24 条には「障害者を包容する教育制度（an inclusive education system）」の確保が謳われており，また，改正障害者差別解消法によりすべての高等教育機関において**合理的配慮**が法的義務となることを受けて，高等教育機関では**インクルーシブキャンパス**の実装に向けて急速に動いています。合理的配慮に関する法的動向については，16 章「法学からみたユニバーサルデザイン」でさらに詳しく述べています。

　　国連障害者権利条約 24 条：「締約国は，教育についての障害者の権利を認める。締約国は，この権利を差別なしに，かつ，機会の均等を基礎として実現するため，障害者を包容するあらゆる段階の教育制度及び生涯学習を確保する」

　　障害者基本計画（第 4 次）：「障害の有無によって分け隔てられることなく，国民が相互に人格と個性を尊重し合う共生社会の実現に向け，可能な限り共に教育を受けることのできる仕組みの整備を進めるとともに，いわゆる『社会モデル』を踏まえつつ，障害に対する理解を深めるための取組を推進する。また，高等教育におけ

る障害学生に対する支援を推進するため，合理的配慮の提供等の一層の充実を図るとともに，障害学生に対する適切な支援を行うことができるよう環境の整備に努める」

　インクルーシブキャンパスの体制構築に向けては，キャンパスというひとつのコミュニティ社会を網羅する視点が不可欠です。共生社会で阻害要因となる社会的障壁を低減するには，キャンパス環境への多側面からのアプローチが必須であり，ここでも上記（1）で述べたように，障害学生当事者への直接支援という「個人モデル」のみではなく，社会的障壁を低減するために周囲の環境全体を変える「社会モデル」が重要となってきます。
　社会的障壁は，具体的には，以下の3つに整理できます。

①空間
　多様性存在の基盤であり，心身機能や脳の多様性（**ニューロダイバーシティ**の考え方が注目されてきています）を示す人々が安心して「場」を共有できる空間のバリア低減が必要です。15章「工学からみたユニバーサルデザイン」において，空間系のユニバーサルデザインの取り組み事例を挙げながら紹介されています。次世代社会（Society5.0）はリアル空間とバーチャル空間が融合する社会であり，この融合された空間は神経多様性のための空間neurodiverse spaceとして，その重要性が指摘されています（Sarett, 2018）。したがって，キャンパスの中に，リアル空間で安心して「ひとりでいる」ことは重要ですが，これは対人関係を遮断するリスクにもなるために，そのリスクがなく安心・安全に他者と「つながる」ための空間を探るにはバーチャル空間との融合も求められるでしょう。

②制度
　情報へのアクセシビリティの向上を図るなど，多様性に適する合理的配慮（reasonable accommodation）で公平性を担保するには制度のバリア低減が必要です。そのためには，合理的配慮内容の公平性の担保を示す科学的根拠が一層求められます。なぜなら，この根拠提示は，周囲の者の障害学生に対する暗

黙の前提を問い直し，障害学生に潜在している個性や能力（潜在的資質）を新たな視点から評価・認識し直すチャンスを与える可能性にもつながるからです。

③心理

　社会的障壁には大学構成員である学生をはじめ教員や事務職員がどのような認識や理解をもっているのかが深く関与しているため，周囲の障害観・人間観・行動様式に関する心理的バリアの低減を図る必要があります。「障害学生との共学はすべての学生の学びを豊かにする」という大学コミュニティ全体の視点が重要です。

　①〜③のように，多様な人が存在する空間や，環境へのアクセシビリティを公平に担保する制度を構築し，社会包摂環境が整うことの重要性をキャンパス全体として醸成することが求められます。共生社会とは，支援－被支援の固定的関係を前提とするのではなく，この関係は状況依存的に入れかわり，相互に人格と個性を尊重し支え合う全員参加型の社会です。この観点に立脚し，社会実装のスタンダードとして，どのようなインクルーシブキャンパスを構築すべきかは高等教育における喫緊の重要課題だといえます。

　喜劇王チャップリンは「監獄を見ればその国の文化水準がわかる」と，各国の刑務所を訪れたことは有名です。1932 年に初来日した際，刑務所を訪問したときに言った言葉をもじって，以下の言葉を記しておきます。[1]

　　「その大学が本当はどんな大学かを知るためには，一番弱い立場の人をみるに限る。そうすれば，その大学が表面的にはどうであれ，本当は学生や教職員をどう扱う大学なのかが一目でわかるから」

　大学という組織が，インクルーシブキャンパスに向けてどのように動いていくのか，理念からどう具体化していくのか，その実際のプロセスについては18

1　「その社会が本当はどんな社会であるかを知るには，一番問題を抱えている人のいる場所をみるに限る。そうすれば，その社会が表面的にはどうであれ，本当は人間をどう扱う社会なのかが一目でわかるから」

章「大学組織からみたユニバーサルデザイン」で触れていきます。

(5)「障害」は多くの人のニーズを先取りする

　さいごに，テクノロジーとの関連を考えてみましょう。結論からいうと，障害とテクノロジーとはとても関連が深いということです。駅や公共施設に設けられているエスカレーターやエレベーター，スロープ，点字や音声による案内，テレビ番組での字幕表示等，これらのアクセシビリティの向上は，さまざまなテクノロジーの発展によるものです。視覚障害で周囲の視覚情報を補うための音声ガイダンス機能，聴覚障害で手話ができない他者とのコミュニケーションを成立させるための手話認識センター機能，車いすユーザーでは移動中のバリアとなる段差等の情報を集約するための移動支援・道案内機能等々，今後もテクノロジーの発展は社会的障壁の低減に大きな役割を果たしていくでしょう。このことは逆にも考えることができます。つまり，障害者の視点が，さまざまなテクノロジーの開発には不可欠であるということです。さらには，多様な障害からみたニーズに応えることのできる技術や商品の開発は，今後のAI（人工知能）やIoT（Internet of Things）の発展をもたらすといえます。このことは，「障害から始まるイノベーション」という本書のタイトルに通じるものです。

　障害者のアクセシビリティを向上させるテクノロジーについて，具体的にどのような技術が生かされているのか，いくつか例を挙げましょう。

　　例1：視覚情報が得られない場合，タッチパネル操作のスマートフォンはアクセシビリティが低いです。そこで，時間を知るために開発されたのが，点字表示スマートウォッチ「Dot Watch」です。また，スマートフォンとBluetooth連携して，時刻やメール受信通知等を点字で伝えることで，スマートフォンの活用が可能になりアクセシビリティが向上します。

　　例2：人の表情等の情報が得られない場合，以前に出会った人なのか，どのような気持ちでいるのか等，視覚情報をもとに判断・調整してコミュニケーションを円滑にしていくことが難しくなります。そこで，Meta（旧・

Facebook）は，カメラでとらえた人の顔を解析し，その人の情報を音声等で伝える技術「Accessibility Bot」を開発しました。この技術が実用化されると，出会った人が誰なのかすぐ認識し，会話を始めることができます。

例3：視覚情報へのアクセシビリティが低く移動が制限される場合，周囲にある物体の情報を音声で知らせるために，カリフォルニア工科大学の「Cognitive Augmented Reality Assistant（CARA）」は，マイクロソフトの複合現実（MR）ヘッドセット「HoloLens」を開発しました。さらに，IBM とカーネギーメロン大学（CMU）が開発した「Human-scale Localization Platform（HULOP）[2]」のような高い支援技術によって，各所にあらかじめ設置しておくBluetooth ビーコンとスマートフォンを組み合わせて道案内し，移動上のバリアを低減します。

上述の例のほかにも，障害者のニーズとともに数多くのテクノロジーが発展してきています。例えば，聴覚障害や視覚障害に対応したアクセシビリティ向上のための支援技術の実際（8 章「遠隔情報保障と情報アクセシビリティ」，13 章「デジタル情報システムとアクセシビリティ」），社会変革との関連と技術の進化について（10 章「ICT とアクセシビリティ」），学習支援を支える情報科学の発展性（21 章「情報科学からみたユニバーサルデザイン」）について，詳しく触れています。また，2020 年度から，新型コロナウイルス感染拡大防止のため，大学では否応なくオンライン授業を実施することになったり，リモートでの在宅勤務も行われるようになりました。ただ，ここで声を大にして言いたいのは，例えば「オンラインで大学の授業をうけたい」という障害学生からの要望の声は，このコロナ禍より以前に挙がっていたのだということです。このように新型コロナウイルス感染の予防対策としての学び方や働き方の変化によって，これを機に，近年，われわれの生活スタイルを見直す動きが出てきていますが，このような社会の動きが起こる前から，障害者のニーズはすでに動いて

---

2 HULOP を開発したIBM フェローの浅川智恵子氏は，視覚障害者向け支援技術の開発に以前から取り組んでおり，ウェブページ読み上げ技術「Home Page Reader（HPR）」開発の功績で全米発明家殿堂（NIHF）から 2019 年の殿堂入り対象者に選ばれています。

いました。働く意欲と十分な能力があるにもかかわらず，通勤が困難という理由で就労をあきらめている人にとっては，この働き方の変革は社会参加のありようを大きくチェンジさせることになったのです。つまり，学び方改革・働き方改革が言われる以前に，障害者の視点からのニーズという形で時代を先取りしていたといえます。障害者のニーズは，既成概念にとらわれない発想をもたらし，そのニーズ解決のためにさまざまな技術を組み合わせることで，飛躍的なアクセシビリティの向上を可能にしているのです。

　未来志向の社会を構想するためには，社会の中で生じている個々の多様なニーズ・潜在的なニーズに対してきめ細やかに対応することが求められます。そのためには，学際的に問題に迫り新しいあり方を横断的に探究し（14章「福祉社会学からみたユニバーサルデザイン」，22章「芸術工学からみたユニバーサルデザイン」），例えば本書Ⅳ部を構成する各専門領域を超えた社会的意義のある共創を重ね，イノベーションを問い直し，実装に向けた知識創造を進めていくことが重要です。

〔田中 真理〕

II

>>>>>>>>>>>

社会的バリア

2 視覚障害からみた社会的バリア

　視覚障害者の社会参加の実現は，視覚障害者の特性が正しく理解され，正しい支援が行われるときに可能となります。本章では，視覚障害者がどのような障害特性を有しており，どのような支援が必要かについてその特徴と概略を述べ，社会生活の中で感じるバリアについて考察します。

　視覚障害者は周りの環境を把握し，行動を修正したり追従したりする当たり前のことが難しい特徴をもっています。そのため，どのような生活や作業においても，最初の取り組みに不安をもちがちです。周囲の人々が，作業時間の流れやひとつの作業が完全にできるまで本人に丁寧に説明することにより，視覚障害者がもちやすい不安を軽減することが可能です。障害者が感じるバリアは，多くの場合その障害特性を正しく理解することで，バリアフリーに繋がる第一歩になります。

(1) 障害の概要・機能障害

　視覚障害は**全盲**（blind：盲）と**弱視**（low vision：ロービジョン）に分類され，「目が見えない人」（全盲）と「見えにくい人」（弱視）の双方を含みます。日本では，「視覚障害者」＝「全盲」と連想されがちですが，実際は，見えてはいるが眼鏡などによる矯正ができない弱視者が大多数であることはあまり知られていません。アメリカやイギリスなど英語圏では，視覚障害者を表す際に用いる言葉には，blind and low visionのように全盲と弱視の両方を表記するようにしています。日本でも，視覚障害（全盲と弱視）などと表記したほうが正しいと考えられます。

　弱視者は，全盲に比べ支援方法が複雑・多様です。その理由は，目の機能が複雑なため，視力・視野・色覚・光の感受性などが個々異なった症状を呈し，弱

視者本人も自分の見え方について正確に表現することが難しいからです。全盲に比べ，軽度障害であるため，支援が得られにくい側面ももっています。

　全盲や弱視の定義は国や分野によって異なります。日本の学校教育では全盲は視力 0.01 以下で，多くの場合点字本を使用します。弱視は 0.3 未満（0.1 以下は強度弱視）を指す場合が多いです。視力 0.3 未満になると，児童生徒が教室の一番前列に座っても黒板が見えづらく，本を読むスピードが遅くなるため，拡大本や拡大鏡使用が増えてきます。

　ところが，アメリカでは視力 0.5 以下は弱視，0.1 以下は**法律的盲**（legal blind）としてみなされます。アメリカは日本に比べると弱視の定義が広いため，適切な支援を受け，車の免許を取ることも可能です。たまに日本の弱視者の中には，アメリカで車の免許を取って日本で使いたいという希望をもつ人がいますが，弱視の定義が随分異なることを理解する必要があります。

　弱視者の中には，病気が進行し，全盲になるケースや病気の進行を止めることが困難なケースもよくあります。視覚障害当事者団体や研究機関，厚生労働省など調査結果によって障害発生順位は異なる場合があるものの，日本人の主な失明原因は，緑内障や網膜色素変性症，糖尿病性網膜症，加齢黄斑変性症，視神経萎縮・網脈絡膜萎縮，高度近視，角膜疾患，白内障，などが多いことがわかります。その他，心因性視覚障害，ベーチェット病，網膜芽細胞腫，未熟児網膜症，なども見かけます。

　これらの眼疾患はさまざまな症状を伴うため，視力が通常の人と同じだとしても，見え方は異なります。例えば，0.1 の視力を有するある弱視者 A さんの場合，ほとんど矯正視力が得られないうえで，次のようなさまざまな症状をいくつかあわせもつケースも多いです。①視野が狭い（視野狭窄），②視野の中心が見えにくい（中心暗点），③光がまぶしく周りの景色が見えにくい（まぶしさ），④角膜が白く濁ったようになり，目のかすみを感じる（混濁），⑤自分の意思とは関係なく眼球が動く現象（眼振），⑥通常，暗い部屋から急に明るい所へ出ると最初はまぶしく感じ，逆に，明るい場所から暗い場所へ入ると，時間とともに少しずつものが見えるようになるが，このような機能調節が正常に働かない（明順応障害・暗順応障害），⑦さまざまな距離に示された目標物をハッキリ見るために必要な目の調節機能がうまく働かない（ピンボケ）状態，などです。上

記以外にも目の見えにくさや眼疾患は多く存在します。

　視覚障害者の目の見え状態は疾患名や見えにくい症状の組み合わせによって実環境での生活が変わってきます。そのため，視力や視野だけを気にするよりも，各個人の生活的視機能，教育的視機能，職業的視機能の評価と支援が重要になってきます。**生活的視機能**を測るためには，日常生活上でさまざまな方法を使います。例えば，目の前の障害物の認識が可能かどうかをはじめ，エレベーターに乗り込んだ際，天井などについた小さな赤外線ボールの色，転がしたボールの認識，投げられたボールの認識，など，視覚障害児・者の年齢や興味に合わせた環境認識レベルを観察・評価します。生活的視機能を補う方法として，残された視覚を使った環境把握方法や，視覚以外の感覚（聴覚・嗅覚・触覚等）を使った環境把握方法（感覚訓練）などが必要になってきます。

　本を読んだり黒板を見たりする際に必要な**教育的視機能**に対する評価方法や支援方法は多く開発されています。本を読むのに必要な近見視力の測定やMN-READを使った評価方法，拡大鏡や拡大読書器を使った支援方法があり，黒板を見るために単眼鏡やカメラとタブレットを使った支援方法等が開発されています。**職業的視機能**は，担当業務を行ううえで必要な視力や情報収集能力を含めた発信力等が重要ですが，社会における心のバリアを取り除くことが最も難しい課題として残されています。

(2)　視覚障害者の日常生活上のバリア

　視覚障害者には3つのバリアがあるといわれています。**情報のバリア，移動のバリア，社会のバリア**です。

　視覚は脳が処理する外界の情報の80％以上を受け入れる最も重要な感覚器官です。視覚という感覚器官に障害を有する視覚障害者は人間が生きていくうえで必要な多くの情報をどのように補っていくかが重要な課題となります。現代社会は，情報社会ともいわれ，多くの情報の中で生活しています。生きていくために必要な基本的な情報から，仕事で必要な情報まで，常に視覚に代わる情報入手が求められます。そのため，感覚障害者（視覚障害・聴覚障害等）には，**情報保障**が行われています。

　視覚障害者の社会参加の際に行われている情報保障の具体的な事例としては，レジュメなどの印刷物を点字や音声・拡大文字に変換されたものとして提供したり，スライドの内容を人的資源を活用した形で視覚障害者に伝えていくことなどです。ただ現状では，社会生活の中で十分な情報が得られず，困る部分も多く残されています。例えば，弱視者や全盲者の社会参加を想定していない学校・企業・業態が未だに存在しています。

　大学受験で，障害を理由に受験を断わられたり，入社試験で不利益を受けたりすることもありますが，視覚障害者が客として訪れた店などでも断られることがあります。近隣のスポーツジムで視覚障害者のために必要な設備や人員がない理由で断られるケースや，銀行口座をつくるために訪れた銀行では自筆が基本なので，自分自身で書けないなら通帳はつくれませんなどと言われるケースなどです。飛躍的に改善された分野もあります。ひとりでバスや電車に乗るのが難しい時代がありましたが，現在は，視覚障害者ひとりでも改札で「誘導お願いします」という一言で，乗り換えを含め，目的地に着くまで連携プレーで人的支援を受けられるようになりました。運動やレクリエーションは，社会生活を営むうえで視覚障害者にもたいへん重要です。銀行口座をもつのは，公共性の確保という観点からしても重要なため，電車などの交通利用の事例のように，制度の変化が求められます。

　情報・物理・心理・制度などの社会的バリアに対し，障害者自身のスキルアップやテクノロジー習得でバリアを乗り越えられる場合があります。例えば，PCを使って買い物や銀行業務を含めた経済活動を行ったり，旅行のチケットを予約したり，音声ゲームを楽しんだり，音楽活動を行ったりするなどのレクリエーションを可能にしてくれています。これら障害者自身がバリアを乗り越える力を育てる現象を本章では，**エンハンスド・バリアフリー**（enhanced barrier free）と定義します。エンハンスド・バリアフリー能力が育った障害者とそうでない障害者間で情報の格差が生じているのも現状です。

　視覚障害者において，日常生活や就学・就労で共通する特徴は，何でも初体験の際は，丁寧な説明や慣れるための時間は少しかかるものの，一旦慣れてしまうと通常の人よりも速く丁寧にこなす場面も多いことです。多くの方が驚くのは，視覚障害者のPCの上手な使い方です。全く画面が見えない全盲の場合

は，スクリーンリーダーというソフトウェアを使用し，インターネットでチケットを購入したり，買い物をしたりします。メールも漢字かな交じりの立派な文章が届きます。弱視者は，アクセシビリティ機能として備わっている拡大鏡というソフトウェアを使用しPCの操作が可能です。画面が全く見えない全盲のPCスキルは高齢な視覚障害者でもチャレンジする人が増えているほど，視覚障害者の間では，普及が進んでいます。点字が読める視覚障害者よりも，PCが使える視覚障害者のほうが多いのが現状です。

　視覚障害者は健康な身体を有していても，物理的・制度的支援がないと歩行が困難です。福祉の同行援護制度や点字ブロックの整備で，移動のバリアは，随分解決しつつあります。歩行を支援するための支援機器やGPSを活用した機器などの開発も進んでいます。移動のバリア改善には，同行援護等の制度や支援技術の発展も重要ですが，周りの優しい目を必要とする共生社会の実現が最も必要な部分です。視覚障害者との共生社会の実現のために，特別なことをするのではなく，道端で困った視覚障害者に声かけをしたり，ひとりで電車に乗り込んできた視覚障害者に対し，空いている座席まで誘導するなどのちょっとした支援を誰もが自然に行える社会づくりが必要です。

(3)　視覚障害者の修学・就労上のバリア

　視覚障害児の親には3つの大きな悩みが存在します。視覚障害児の修学，就労，結婚に関する悩みです。これらの悩みに関しては障害児をもつ親だけでなく誰でもがある程度は気にする問題のように思います。視覚障害者が通常の人と同じように一般的な人生を営むためには，教育を受け，就職をし，結婚相手を見つける必要があります。

　視覚障害児をもつ親は，まず子どもの学校選択問題で悩みます。子どもを特別支援学校に行かせるのか通常の学校に行かせるのかです。インクルーシブ教育が進む中，弱視児の多くは通常の学校に進学するケースが多くなりましたが，盲児の場合は，就学相談で視覚特別支援学校を薦められるケースが多くみられます。将来的に，通常の社会の中で生きていくことを考えると，盲児でも通常の学校で学ぶことを考える親は増えています。学校選択が終わると，通常の教

科書や参考書をリアルタイムで点字や拡大教科書で提供できるかが重要になります。そして，大学受験になると，合理的な配慮を受けられる大学を探します。

　インクルーシブな社会の実現を目指す日本は，高等教育に進む視覚障害者も増えており，多くの配慮がなされるようになってきました。大学受験や就学面では，合理的配慮も進んできていますが，社会人になる段階では，まだ，制度面や心理的な面で，多くのバリアが存在しています。

　視覚障害者の人生の中で最難関ともいえるひとつは，就労活動になります。中には，司法試験を通り，弁護士になるケースや，医者・大学教員などになるケースも増えていますが，通常の多くの視覚障害者は就職に困っているのが現状です。比較的高学歴で優秀な視覚障害者は，通常の仕事に就くケースが増えてきました。ところが，多くの場合では，視覚障害者が働ける場所が限られているのが現状です。

　視覚特別支援学校では，高等部を卒業し，鍼灸・マッサージを学ぶ専攻科という職業課程を設けているのも特徴的です。専攻科を卒業すると鍼灸・マッサージ師の国家試験が受けられる資格が与えられます。視覚障害者の鍼灸の歴史は古く，17世紀，全盲の杉山和一が現在の鍼灸の原型となる管鍼法を考案し，鍼灸の技術の普及を目的とした「杉山流鍼治導引稽古所」を開設しました。その後1878年には京都盲亜院が設立され，鍼灸に加え，按摩・マッサージ・指圧師を育てるための教育が本格的に始まりました。

　ところが，現在日本ではマッサージで生計を立てられる視覚障害者は，ごく一部に過ぎない状況にあります。マッサージ業はかつて，視覚障害者だけができる仕事として守られてきた仕事でありましたが，職業選択の平等性や新自由主義の波で，類似行為が自由にできるようになり，競争に勝てなくなってきたことがその理由です。そのために，鍼灸・マッサージに代わる職域拡大が重要になってきています。

　現在，視覚特別支援学校の専攻科には，音楽科や理学療法科，柔道整復科などが設けられていますが，時代によって，新しい科がつくられたり，廃止されたりしています。これら専攻科に設けられた専門領域以外の通常の仕事に就く視覚障害者を増やすのが職域拡大の側面では重要になってきます。

　職域拡大のためにまず必要なのが高等教育です。高等教育を受けた視覚障害

者を増やしても，すぐ一般企業などの就職に結びつくわけではありません。職域拡大には次のような流れがあると考えられます。最初は，視覚障害者のための施設（点字図書館・盲学校・ライトハウスなど）への就職から始め，福祉や教育関係機関などへと就職の幅を増やす必要性があります。国の法律の整備と一般市民の意識向上が伴うことで，医者・弁護士・臨床心理士といった専門職や研究者などが増えるものと考えられます。最終段階で営利目的の一般企業への就職が増えていくものと考えられます。

　障害者雇用促進法により，障害者の雇用を確保する努力もなされていますが，現場では，本法律が役立っているイメージはあまり感じられないのが現状です。その理由のひとつは障害者全体での雇用率になるため，採用されやすい障害種別は恩恵を受けますが，視覚障害者のように感覚障害（情報障害）者は，敬遠される傾向があります。障害当事者の意識変革や周りの環境の変化が必要です。障害当事者は望む仕事にチャレンジし続ける必要性がありますし，周りは，それを実現するための支援や方法を考える必要があります。

（4）視覚障害特性の理解のために

　視覚障害者は，歩行訓練を受けることで，杖一本で単独歩行が可能になります。ICTを学ぶことで，PCの画面を見ず，音声のみでPCを使いこなすことも可能です。

　視覚障害の理解のために，疑似体験など行われることもありますが，アイマスクをしたときの感覚が視覚障害の本質と考えるのは困難です。むしろマイナスイメージのみたっぷり抱くことになります。視覚障害の疑似体験は簡単にできますが，想像と現実は非常に離れているといえます。そのため，アイマスクを使用した疑似体験行為はアトラクションとしてはよいものの視覚障害者を理解する意味では考え直す必要があるように思います。韓（2012）には，視覚障害特性を理解するための具体的な支援方法をまとめています。ご参照ください。

〔韓　星民〕

考えてみよう

1. 視覚障害者の社会参加を難しくする要因をひとつ取り上げ，それを解決するための方策について述べてください。

2. 視覚障害者にとって困難な仕事をひとつ取り上げ，その関連業務に就くための方策を考えてください。

コラム 1

ICTは「I Cannot Touch」なり!?

「画面を真っ暗にして，僕の顔も映さないでください」

　先日，ある学会のシンポジウムの予告編収録の際，僕は撮影者にこう依頼しました。最近の学会発表では，パワーポイントを駆使する「見せるプレゼンテーション」が一般化しています。コロナ禍の影響もあり，大学から講義動画の提出が求められるケースも増えました。「聴かせるプレゼンテーション」を追求してきた僕も，オンラインの講演・授業では，スライドを見せながら話をするようになり，ちょっと複雑な心境です。

　いうまでもなく，僕のような全盲者は，スライドを見ることも自力でつくることもできません。また，視覚障害者への合理的配慮として，パワーポイントの各スライドの内容を言葉で説明されても，十分理解できるのかは疑問です。とくに学会発表の場合，限られた時間で多くの情報を伝達しなければならないので，必然的に「こちらをご覧ください」というフレーズが頻出します。見せることを前提に構成されたプレゼンを言葉のみで伝えようとしても，そこには限界があるでしょう。

　上記のシンポジウム予告編において，僕は画像・動画を全く使わず，ラジオ中継のようなプレゼンを目指しました。華やかなテレビ番組（見せるプレゼン）が続く流れの中で，メリハリをつける意味でも，発表者の声にじっくり耳を傾ける時間があってもよいのではないでしょうか。現代は視覚優位・視覚偏重の時代といわれます。そんなトレンドのもとで，あえて視覚を使わない解放感，視覚に頼らない「生」の可能性を示すのが視覚障害者の役割なのです。

　昨今，視覚障害者の中でもスマホユーザーが増加しています。若い世代の視覚障害者たちのQOL（生活の質）は，スマホ画面の文字を音声で読み上げるアプリの開発とともに向上したのは間違いありません。ICT機器の活用により「できない」ことが「できる」ようになるのは進歩といえるでしょう。ただ，つるつるの画面に触れて操作するタッチパネルは，視覚障害者にとって使いやすい

ものではありません。少なからぬ視覚障害者がスマホに点キーボードをつないで，どうにかこうにか使用しているのが現状です。僕自身は凸凹ボタンのガラケーを使い続けています。ICTも視覚中心に進化・普及するので，そこから視覚障害者が零れ落ちて，「I Cannot Touch」という結果をもたらしてしまうのは皮肉です。

　近年，「誰一人取り残さない社会」という語をよく耳にするようになりました。この言葉に僕は強い違和感を抱きます。「取り残さない」というとき，誰が誰を取り残すのでしょうか。僕が20代，30代だったら，頑張って「見せるプレゼンテーション」の技術を磨き，何の迷いもなくスマホに乗り換えていたと思います。50代となった今の僕は単に頭が固く，老化しているだけなのかもしれません。でも，真っ暗な画面，ガラケーにこだわる姿勢は，「障害」と向き合い，研究を続けてきた成果だと，自分では積極的にとらえています。あくまでもマイノリティの道を歩む，最後の最後まで「取り残される」側に立って発言する。そんな頑固おやじがいてもよいでしょう。そして，そんな頑固おやじが堂々と生きられる社会であってほしいと願います。

〔広瀬 浩二郎〕

3 肢体不自由からみた社会的バリア

(1) 障害の概要・機能障害

肢体不自由とは，「肢体（四肢〔上肢と下肢〕および体幹）」が，「意のままにならない状態」を指します。昭和初期に，肢体不自由児療育事業の始祖である高木憲次が案出した用語です。肢体機能の不自由さの種類や部位は多様であり，起因も一様でなく，それぞれの病状も多岐にわたります。文部科学省（2021）は，「身体の動きに関する器官が，病気やけがで損なわれ，歩行や筆記等の日常生活動作が困難な状態」と定義しています。

以下，代表的な疾患のいくつかについて紹介します。

1）脳性まひ

脳性まひについては，1968 年の厚生省脳性麻痺研究班会議で「受胎から新生児（生後 4 週間以内）までの間に生じた脳の非進行性病変に基づく，永続的なしかし変化し得る運動及び姿勢の異常である。その症状は満 2 歳までに発現する。進行性疾患や一過性運動障害，または将来正常化するであろうと思われる運動発達遅滞は除外する」と定義されました。

特別支援学校（肢体不自由）で学ぶ子どもは脳性疾患による場合が圧倒的に多く，中でも脳性まひ児がその多くを占めます。脳性まひ児は，脳障害の範囲により，運動障害を有するほか，知的障害，てんかん，言語障害，視覚障害（眼球運動の障害，首の不安定さによる正視の異常等），知覚－運動障害（目と手の協応動作の困難，図地関係の逆転，空間認知の困難等）等，さまざまな障害を随伴する場合が多くみられます。

脳性まひは，損傷部位により「痙直型」「アテトーゼ型」「失調型」等いくつ

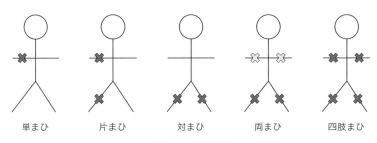

図1　まひが生じる身体部位による分類

かの型に分類されます。錐体路系の損傷による「痙直型」は，四肢の筋緊張の亢進が特徴です。「アテトーゼ型」は，大脳基底核の損傷により不随意運動がみられます。「失調型」は，小脳やその伝達経路の損傷により姿勢保持や運動動作に必要な筋活動の調整がうまくいかず，バランスを崩してしまいます。

　また，まひが生じる身体部位による分類として，主なものに「単まひ」「片まひ」「対まひ」「両まひ」「四肢まひ」があります（図1）。「単まひ」は四肢のいずれかひとつにまひが生じるタイプです。「片まひ」は右側（または左側）の半身に，「対まひ」は両下肢にまひが生じるタイプです。「両まひ」と「四肢まひ」は四肢にまひがみられますが，「両まひ」は上肢のまひが比較的軽度です。

2）水頭症

　水頭症は，髄液が脳室内にたまり，脳圧が上昇して次第に脳室が拡大し，脳実質が圧迫され，頭囲が拡大することにより生じます（高松・佐々木，1991）。過剰な脳脊髄液を脳室から抜いて，体内の別の場所へ流すためのシャント手術を受けるケースが少なくありません。術後は，シャントが詰まって体調不良を起こすことがないよう，主治医による定期検診を受けることが必要になります。周囲の大人には，本人が訴える体調不良を見逃さない視点が求められます。

3）二分脊椎症

　二分脊椎症とは，脊髄や脊柱の発生途中の形成異常による，背骨の後方部分の欠損と脊髄の異常で，脊髄のどの部位の障害かによって症状の程度が決まります（高松・佐々木，1991）。障害を受けた部位より下の神経が遮断されるため，

歩行が可能な場合もあれば，車いす利用が必要な場合もあります。排泄機能障害を伴う場合，感覚まひによる失禁や動作の不自由による褥瘡への配慮が必要となります。

4）進行性筋ジストロフィー

　進行性筋ジストロフィーは，筋肉細胞の構造が顕微鏡レベルで壊れていき，筋力が次第に弱くなる進行性の疾患です（高松・佐々木，1991）。何より，本人が抱える進行性ゆえの心理的不安を理解し支える視点が不可欠です。学校教育段階では，教師が主治医や保護者との連携を図り，本人のもつ運動能力を維持しながら，筋力低下に伴う関節の拘縮や側彎をできる限り予防することが重要になります。

5）骨形成不全症

　骨形成不全症は，骨の構成物資のひとつであるコラーゲンをつくる遺伝子の異常により，骨が緻密性に乏しく，厚みも減少し，外から加わる小さな力で骨折する疾患です（高松・佐々木，1991）。本人の過重負荷の程度を見極め，荷重負荷による骨折や，長時間の同一姿勢による側彎の予防に努めなければなりません。また，難聴を伴う場合もあることから，本人の状況を把握し適切に配慮することが必要です。

（2）社会的バリアについて

1）日常生活上のバリア

　肢体不自由者は，肢体不自由ゆえに日常生活のさまざまな場面でバリアに直面しています。以下，4つの社会的障壁ごとに説明します。

①物理的なバリア

　車道と歩道の段差，狭い通路，路上の放置自転車，急勾配の坂道等，肢体不自由者が直面する物理的バリアは多くあります。段差のない道路でも，水はけをよくするために車道の中央から歩道にかけて緩やかに傾斜していると，車い

すがまっすぐ進みにくくなり，移動が困難になってしまいます。

　肢体不自由者にとってスロープやエレベーターの設置は不可欠ですが，それだけでは物理的バリアを解消できない場合もあります。例えば，手動車いすやクラッチ（杖）の利用者には，スロープの傾斜が急なために自力で登ることが難しかったり，長い傾斜で腕を休める平坦な場所がない場合，途中で力尽きたりすることもあります。その点，電動車いすはスムーズですが，最近は機能向上による重量化に伴い，介助者同伴の移動でも乗車に際しスロープの設置が必要になり，次の電車を待たざるを得ない不便さに直面することもあるようです。

　電車による移動では，乗車駅，降車駅（無人駅の場合，最寄駅の駅員が移動して対応）が連絡を取り，乗降時のスロープ設置がなされますが，乗車時間（例えば，A駅からB駅まで40分間乗車）にかかわらず降車駅と連絡がつくまでは出発駅待機となります。日常的に一般の方に比して多くの時間を移動に割かざるをえず，また，駅間の連絡調整後の乗車となるため，乗車後の予定変更は叶いません。なお，料金は，障害者手帳の提示により障害者割引が適用されます。スマートフォン向けの障害者手帳アプリも普及していますが（株式会社ミライロ，2019），窓口への提示が必要なため，駅が混雑する時間帯は駅員事務室の窓口にたどり着くまでがひと苦労です。

　さらに，建物内にエレベーターが設置されていても入口に段差があるビル，入口で履き物を脱ぐ様式の居酒屋，いすが固定された飲食店等は，入館することができません。食券や切符，ジュース等を購入する際にボタンやお金を投入する位置に手が届かない場合もしばしばです。

②制度的なバリア

　肢体不自由者が利用可能な福祉サービスはさまざまあります。一方で，それらを利用するためには，自分に必要なサービスについて申請する必要があります（**申請主義**）。誰かが紹介してくれるわけではないので，行政へ直接アクセスする，インターネットを利用して調べる，経験者に尋ねる等，自ら行動しなければなりません。しかし，障害者が利用可能な福祉サービスの種類や申請主義であることなどについては学習指導要領（小学校，中学校，高等学校，特別支援学校）には示されていないため，高等学校や特別支援学校高等部を卒業する

までに基礎的な情報を獲得する機会が保障されない現状にあります。

　また，ホームヘルパー派遣制度を利用して一人暮らしを営む肢体不自由者は，次のような困難に直面することもあります。この制度は経済活動には利用できないため，日中の仕事に従事している場合，帰宅後から翌朝までの派遣を依頼することになります。通勤時の移動介助や勤務中の排泄介助を依頼することはできません。ヘルパーの都合もあるため急な予定変更は叶わず，例えば勤務後に同僚から夕食の誘いがあっても応じられなくなります。

③情報面でのバリア

　掲示板や商品の陳列等，視覚的な情報は，一般の人の目の高さを想定して提示されています。車いすを利用する肢体不自由者の場合，視点の高さや見る角度が一般の人と異なるため，情報の入手が困難なことがあります。例えば，美術館や博物館に足を運んでも十分に鑑賞できない，駅のプラットホームに設置された自動販売機と電車の到着時刻を示す電光掲示板が重なり，時刻の確認ができないといった具合です。

　また，肢体不自由者は，視覚認知の困難を伴う場合が少なくありません。文字量の多い文書や地図等，複数の視覚的な情報を同時に提示されると，図と地の弁別がうまくいかず，必要な情報をとらえることができなくなってしまいます。

　さらに，特に先天性の肢体不自由者の場合，一般の人と同様の生活経験を重ねにくいために，例えば，食品の値段や銀行口座の振込等，年齢相応の情報に接する機会が限られることもあります。

④心理的なバリア

　肢体不自由者は，肢体のいずれかが不自由な状態にある点を除けば，一人ひとり個性が異なることは言うまでもありません。「肢体不自由のある人」と一括りにされることが何よりの心理的なバリアとなります。また，介助者同伴の場合，活動の主体である本人ではなく介助者に尋ねられたり，応対されたりすることがあります。本人の意思や必要な支援は，当事者に確認しなければ把握できません。障害の状態から本人に直接確認することが難しい場合もあるかもし

れませんが，その場合でも，本人の意思を確認するという基本を忘れずに，介助者を交えてコミュニケーションを図ることが大切です。

　以上，各バリアに分けて示しましたが，実際はひとつの場面に複数のバリアが存在する事態が少なくありません。一人暮らしに向けてアパートを探す場面を想定してみましょう。インターネットも活用しますが，肢体不自由者にとって実地視察は不可欠です。不動産の営業所に段差があれば入店できない，障害への理解もスタッフによってさまざま，契約の前に管理会社や家主の確認も必要になる，就労に関するバリアは後述しますが，一人暮らしには一定の安定した収入も欠かせません。生活必需品を購入しても市販品のままでは使いにくい，障害による低身長のためサイズが合わず年齢相応のファッションを楽しめない等の悩みも耳にします。日常生活のあちこちでカスタマイズが必要なのです。

2）修学・就労上のバリア
①修学上のバリア
　肢体不自由のある子どもは，小学校や中学校，高等学校の通常学級，特別支援学級（小学校，中学校のみ），特別支援学校（肢体不自由）のいずれかに在籍しています。小学校等の通常学級に在籍し，通級による指導を受けている子どももいます。肢体不自由のある子どもの就学先は，子どもの教育的ニーズを考慮して選択されます。障害の程度だけで決定されるわけではありません。

　肢体不自由のある子どもは，特別支援学校（肢体不自由）で学ぶ場合も含め，基本的には小学校等の各教科を学びます。しかし，肢体不自由の状態が学習の成立にさまざまな影響をもたらします。よって，学習の成立を図るためには指導の工夫や配慮が不可欠です。表1に肢体不自由の障害特性に対する指導の工夫および配慮の例を示しました。

　肢体不自由ゆえに，座位の保持だけで疲れてしまい集中力が続きにくい場合や，体感を伴う言葉や事象の理解が困難な場合もあります。自学自習に取り組みたくても，テキストやパソコンをバッグから取り出しセッティングする援助が必要なために，介助者がいなければ着手できないこともあります。

表1　肢体不自由の障害特性に対する指導の工夫および配慮の例（一部）

学習の成立に及ぼす影響		指導の工夫および配慮
上肢障害	・文字を書くことが難しい	・パソコン，トーキングエイド等の代替機器の活用
	・手指を使った作業が困難	・不随意的な動きにも対応した作業スペースの確保 ・作業法の工夫や手順の単純化
	・時間がかかる	・目標の重点化，作業時間確保，必要に応じて代筆
下肢障害	・活動場所の制約 ・実地調査等の難しさ	・遠隔コミュニケーション手段やネットサービス等の活用 ・生活と関連づけた具体的・体験的活動の導入
体幹保持困難	・見えにくい，活動しにくい	・体にあった物（机やいす）の使用
視覚認知の困難	・文字識別の困難さや行飛ばしがみられる	・拡大する，色をつける，書見台等を利用して角度を工夫する等，見えやすくする
	・図形の認知が困難 ・統計資料や地形図の読み取りが難しい	・形や辺等，構成要素ごとに色分けする ・目的に応じた情報の精選 ・ルーペ等補助具の活用，情報量を絞る
構音障害	・意見が伝わりにくい	・パソコンやトーキングエイド等，代替手段の活用

筑波大学附属桐が丘養護学校（2005）を一部改変引用

②就労上のバリア

　特別支援学校（肢体不自由）の高等部では職場実習の機会がありますが，それ以外で，肢体不自由者が一般の高校生や大学生のようにアルバイトの経験をする機会は限られるのが実情です。アルバイトの経験は必須ではありませんが，働くイメージを具体的にもちながら，職業選択に向き合うことができにくい状況にあることは指摘できます。

　また，「制度的なバリア」で述べたように，ホームヘルパー派遣制度は，通勤時の移動介助や勤務中の排泄介助には利用できません。任された業務を遂行する能力を備えていても，特に排泄介助を必要とする場合，就労上のバリアとなります。

　さらに，多くの場合，仕事では生産性を求められますが，肢体不自由ゆえにスピードへの対応が難しいことも少なくありません。車いすに座ったまま長時間同じ姿勢で過ごし，姿勢変換も困難なために特定の身体部位に負荷がかかり体調を崩した結果，離職せざるを得なくなってしまうケースもあります。

　肢体不自由者が働き続けることのできる環境整備について本人を交えて検討し，実質的な法定雇用率の向上を図ることが課題です。

〔一木 薫〕

考えてみよう

1. あなた自身の日常生活に目を向け，肢体不自由があるとどのようなバリアに直面する可能性があるのか，また，バリアを解消する（減らす）ためにはどのような工夫を図るとよいのか，想像力を働かせて考えてみましょう。

2. 肢体不自由者が直面するさまざまなバリアを解消する（または減らす）ために，あなた自身には何ができるでしょうか。自身の立場（専攻する分野や得意なこと等）を踏まえ，考えてみましょう。

コラム 2 ひとつの壁を壊すには？

「真のバリアフリー，ユニバーサルデザインとは何だろう？」

　2020 オリンピック・パラリンピックを経て，ますますこうした問いが頭に浮かぶことが増えました。高校生の頃から電動車いすに乗っている私は，これまでタイプが異なる 3 種類のマシンを操作してきています。

　ある時は，静かで小回りは効くけれど，入口の段差さえ越えることができないものを。またある時は，多少の騒音はするが安定性抜群で，段差にはめっぽう強いタイプを。そして現在は，（心身の機能に合わせ）リクライニング等も可能になって身体に優しくなった分，車体の重量が想像以上に増したために，再び電車とホーム間の段差と隙間を自力で越えることはできなくなってしまいました。何かを解消すればまた新しい問題が現れる。もちろん，こうした問題も人手があれば解決できる場合も多いですが，いつまでも人の力だけに頼っていてよいのかという疑問は残ります。

　私はこれまで，他者にサポートを依頼して生活する日々を通して「相手に伝わりやすく，受け入れられやすい話し方」を模索してきました。それは，特別支援学校を経て大学，就労，一人暮らしと環境を変えるたび，「自分事としてとらえてもらう難しさ」を痛感してきたからです。

　例えば，日常生活に欠かせない給付を受けるための手続きの多さ。障害者年金や医療費助成，電動車いす等の舗装具の給付を受けるには，すべて本人や家族からの申請が必要なため，どうしても知っている者と知らない者の間に情報格差が生じてしまいます。

　ところが，こうした情報格差はひょっとして，「私と皆さんの間にも存在しているのでは？」とも思います。例えばそのひとつ，電動車いすの私が多目的トイレをひとりでは使えない事態を想像できる人が，読者の皆さんの中にどれほどいるでしょうか。生まれつき体幹が不安定な私は，手すりを掴んで立ち上がりズボンを下ろそうと片手を離した瞬間に，前方に倒れてしまうのです。事実，

当事者とその家族にとってトイレの問題は切実で，外出そのものを諦めてしまう大きな要因にもなっています。

　それでも，こうした問題解消に向け，共に考えてくれる方々がいたらどうでしょう。それは手すりの位置を考えてくれる設計者かもしれませんし，トイレ内に常設するサポートロボットの開発者かもしれません。もしかするとアパレル業界の方がますますユニバーサルデザインとオシャレを追求した服の開発に動いて下さるかもしれませんし，もしもアルコール飲料の開発担当者が利尿作用の少ないお酒の試作に着手したとなれば，それこそ画期的で，メディアや広告業界だって放っておくはずがありません。

　「知ることで生まれる未来はある」

　直接人力に頼るだけでなく，その力を結集し，障害があっても「やりたい」にチャレンジできる世の中へ。
　トイレ問題を解消した先に障害者就労が拡大し，堂々と収入を得た彼らが皆さんと一緒に街で呑んでいる光景が当たり前になったら……。日本の未来は間違いなく，今よりも明るくなっている気がするのです。

〔長野 僚〕

4 内部障害・病弱虚弱（難病，高次脳機能障害）からみた社会的バリア

(1) 障害の概要・機能障害

　長期にわたる療養を必要とする病気や状態を表す言葉は，内部障害，難病，慢性疾患，病弱虚弱等さまざまありますが，行政対象となる場合にはそれぞれで定義されています。まず以下に，内部障害と病弱・虚弱がそれぞれどのような障害であるかを概観します。

　内部障害とは，身体障害者福祉法に規定される障害のひとつであり，「心臓，じん臓又は呼吸器の機能の障害その他政令で定める障害で，永続し，かつ，日常生活が著しい制限を受ける程度であると認められるもの（身体障害者福祉法別表）」とされています。対象となる機能障害として「その他政令で定める障害」では，「一　ぼうこう又は直腸の機能，二　小腸の機能，三　ヒト免疫不全ウイルスによる免疫の機能，四　肝臓の機能（身体障害者福祉法施行令　第36条）」が挙げられます。いずれも身体の内部に障害があることが特徴で，その特性には共通するものもあれば障害された部位によって異なる部分もあります。例えば，心臓機能の障害では，血液によって酸素や栄養を全身に巡らせる血液循環の働きが低下するために，疲れやすさ（易疲労性）等がみられる場合があります。一方で，呼吸器の機能障害では，酸素を取り込む働きが低下することで，血液中の酸素が不足し，運動制限の必要性や易疲労性がみられる場合があります。このように障害された部位によって体内で起こる機能障害は異なりますが，生活機能への影響においては共通する部分がみられます。体力低下や易疲労性の他にも，免疫機能の低下による易感染性等を呈する内部障害者は少なくありません。

　内部障害者数は身体障害者福祉法に定める障害者数に占める割合として肢体

不自由者数に次いで2番目に多くなって
おり，身近にある障害のひとつといえま
す（図1）。また，加齢と共に増加して
いく傾向もあり，社会の高齢化に伴い今
後ますます増えることも予想されます。

　病弱・虚弱とは，教育行政や教育現場
で用いられる用語であり，特別支援教育
の一領域を表します。文部科学省
(2021)は，「病弱とは，心身が病気のた

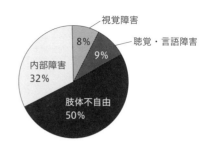

図1　障害種別にみた障害者数の割合
厚生労働省（2018）平成28年生活のしづら
さなどに関する調査（全国在宅障害児・者
数等実態調査）のデータを基に作成。

め弱っている状態をいう。また，身体虚弱とは，病気ではないが身体が不調な
状態が続く，病気にかかりやすいといった状態をいう。これらの用語は，この
ような状態が継続して起こる，又は繰り返し起こる場合に用いられており，例
えば風邪のように一時的な場合は該当しない」と説明しています。さらに，こ
れらの状態について，学校教育法上では「病弱（身体虚弱を含む）」と表現され，
このような状態にある児童生徒のための教育を病弱教育と呼びます。病弱・虚
弱の児童生徒を対象とした教育の場には，特別支援学校，あるいは小・中学校
の特別支援学級，通級による指導，通常の学級がありますが，それぞれの対象
となる病弱・虚弱の程度については基準が示されています（表1）。

　特別支援学校（病弱）の対象となる病弱・虚弱の程度について，学校教育法
施行令では「一　慢性の呼吸器疾患，腎臓疾患及び神経疾患，悪性新生物その
他の疾患の状態が継続して医療又は生活規制を必要とする程度のもの　二　身

表1　病弱教育における障害の程度と教育的対応

教育的対応	障害の程度
特別支援学校[※1]	一　慢性の呼吸器疾患，腎臓疾患及び神経疾患，悪性新生物その他の疾患の状態が継続して医療又は生活規制を必要とする程度のもの 二　身体虚弱の状態が継続して生活規制を必要とする程度のもの
特別支援学級[※2]	一　慢性の呼吸器疾患その他疾患の状態が持続的又は間欠的に医療又は生活の管理を必要とする程度のもの 二　身体虚弱の状態が持続的に生活の管理を必要とする程度のもの
通級による指導[※2]	病弱又は身体虚弱の程度が，通常の学級での学習におおむね参加でき，一部特別な指導を必要とする程度のもの

※1学校教育法 施行令 第22条の3別表
※2平成25年10月4日付け25文科初第756号文部科学省初等中等教育長通知

体虚弱の状態が継続して生活規制を必要とする程度のもの（学校教育法施行令第22条の3　別表）と示されています。ここでいう「医療」とは医師からの指示の下，継続的に行う医療処置や服薬等を指します。また，「生活規制」とは，病気の治療や症状の安定等のために健康であれば必要がない生活上の制約があることを指します。具体的には，食事や運動の制限等が挙げられます。つまり，何らかの慢性の疾患があり，かつある程度の長期にわたり医療または生活規制が必要となる場合には特別支援学校（病弱）の対象となり得るということになります。さらに，二号で示す「身体虚弱」とは病気ではないが病気にかかりやすい，あるいは不調な状態が続く場合を示しており，その状態が継続して生活規制を必要とするのであれば，特別支援学校（病弱）の対象となることを示しています。特別支援学級および通級による指導の対象となる病弱・虚弱の程度についても，いずれも具体的な疾患名ではなく，病気等の状態が継続的あるいは持続的または間欠的に医療または生活規制や生活の管理を必要としているか否かという点が重視されています。

　次に，難病の定義と概要です。**難病**とは，「発病の機構が明らかでなく，かつ，治療方法が確立していない希少な疾病であって，当該疾病にかかることにより長期にわたり療養を必要とすることとなるもの（難病の患者に対する医療等に関する法律（以下，難病法）　第1条）」とされています。治療方法が未確立ゆえに療養が長期にわたることから，難病の患者の生活にかかる経済的・身体的・肉体的負担が大きいため，日本では難病のうち338疾病（令和3年11月1日現在）を「指定難病」として医療助成の対象としています。難病の指定にあたっては先に挙げた難病の定義に加え，患者数が一定の基準（日本の人口の0.1％相当）に達していないこと，客観的な診断基準が成立していることが要件として加わり，定期的な見直しを行う中で対象疾患は年を追うごとに増加しています。

　最後に，**高次脳機能障害**とは，脳血管障害等の病気や事故等による脳外傷の後遺症として，脳の高次機能に障害が生じている状態であり，行政的な診断基準には主要症状として現在，日常生活または社会生活の制約があり，その主たる原因が記憶障害（忘れっぽい，新しく何かを覚えるのが難しい等），注意障害（注意が持続しない，切り替えられない等），遂行機能障害（順序だてて物事を進めることが難しい，優先順位がつけられない等），社会的行動障害（興奮しや

すい，怒りっぽい，こだわりが強く我慢がきかない等）などの認知障害による
ものとされています（厚生労働省・国立障害者リハビリセンター，2008）。高次
脳機能障害者数については幾つかの調査が行われているものの，対象年齢や重
症度の考慮等が異なるため定かではなく，高次脳機能障害者の該当者は何十万
人もいますが，就労や就学への考慮が必要な患者は7万人程度であるとされて
います（中島，2011）。

(2) 社会的バリアについて

1) 日常生活上のバリア

　内部障害および病弱・虚弱とされる人々の多くは，日常生活と療養生活の両
立のためにさまざまなバリアを体験しています。以下に，4つの側面（物理的，
制度的，情報的，心理的側面）から，彼らが体験しやすいバリアの具体例を示
すこととします。

　物理的バリアには交通機関等の移動におけるバリアフリー対応が十分になさ
れていないことなどが挙げられます。心臓疾患等のために運動制限がある場合
には，車いすでの移動が必要となります。また，多くの病気において体力低下
や易疲労性のために長時間の歩行による移動に困難がある場合もあります。こ
のようなケースでは，目的地や目的地までの交通アクセスにおけるバリアフリー
対応が必要となります。

　また，人工肛門や人工膀胱（以下，ストーマ）を造設している人（オストメ
イト）には，装具を洗浄する装置や腹部を洗浄するための温水シャワー等が備
えられているトイレ（オストメイト対応トイレ）の設置も必ずしも十分とはい
えないため，外出に際して常にトイレの不安が伴い，なかには外出自体が制限
されてしまう場合もあります。

　さらに，病気の中には医療機関で処置するだけでなく，日常生活の中で自身
（あるいは家族）で治療を行うような場合も少なくありません。例えば，日に数
回のインスリンの自己注射が必要な糖尿病の患者の場合，外出先には注射する
ためのプライバシーが保たれた衛生的な環境は整備されておらず，多くの患者
はトイレや歩道等で治療していることが報告されています（朝倉ら，1999）。

　制度的バリアとしては，幼稚園や保育園等の入園が叶わないケースが挙げられます。日本小児内分泌学会が行った調査では，1型糖尿病の患児の約4分の1が入園を拒否される経験をしていることを報告しています（日本小児内分泌学会糖代謝委員会，2016）。また，この調査の中では入園が許可された場合においても，保護者のつき添いや見守りを条件としている場合が少なくないことが明らかになっています。

　また，長期にわたる療養を必要とするすべての人が行政の支援の対象というわけではなく，日常生活に困難がありながらも公的な支援を受けられない人々が少なからずいることも制度的なバリアの一部だろうと思われます。

　情報的バリアとしては，病気のために視覚や聴覚等の感覚障害がある場合に視覚情報あるいは聴覚情報へのアクセスが困難であることや，運動機能の障害により一般的なICTデバイスの活用に支障が生じることなどが挙げられます。さらに，高次脳機能障害の場合には，情報の整理や記憶が難しい等の理由から，情報提示の仕方（図示，手順の提示）や，記憶の補助等の工夫がない場合には，情報の取得および保持に困難が生じます。

　心理的なバリアは，多くの内部障害および病弱虚弱の人々が直面する最も大きな障壁であるといえます。病気の多くは外見から認知されにくいことや，易疲労性や易感染性といった支援ニーズも日常生活で接する中で他者から客観的に判断できるものではないことから，周囲の理解や共感を得られないことが少なくありません。その結果，周囲の目を気にして無理をしてしまい病状が悪化するような場合も考えられます。また，場合によっては不十分な理解や誤解，偏見をもとに差別的な扱い（感染する病気だから近寄らないでほしい等）を受けるケースもあります。

　また，症状が目に見える病気（皮膚疾患等）においても，周囲からの無遠慮で心無い視線や，病気に対する無理解，誤解等による差別的な扱いを経験し，社会参加が制限されたり，外出等の日常生活に著しい不安を覚えるというような人もいます。

2）修学（初等・中等・高等教育）・就労上のバリア

　修学・就労上の物理的バリアには，学校や職場環境のバリアフリー対応が不

十分である場合が挙げられます。移動や姿勢の保持に困難があるような場合には，対象者に合わせた学習環境，就労環境（机，いす等のフィッティング）が必要となります。また，色素性乾皮症といった紫外線の回避が必要となる病気では，対象者が日常的に使用する環境で窓ガラスへの紫外線カットフィルムの貼付や，紫外線防止型の蛍光灯を使用する等の配慮が必要です。

　また，通学時や通勤時の交通アクセスにおいてもバリアが生じる場合があります。例えば，車いすユーザーの場合，学校や職場までの道路や交通機関でスロープやエレベーター等が設置されており，自力で移動可能なバリアフリー対応がなされていたとしても，移動に時間がかかる，遠回りをしなければならない，雨天時の安全性の確保が不十分，満員電車では車いすスペースまでたどり着くことが困難等，さまざまなバリアが生じることにも留意が必要です。

　制度的バリアとしては，入学試験や就職試験等における配慮の不足が挙げられます。易疲労性や易感染性は目に見えてわかるわけではないので，配慮の提供においては対象者本人等との十分な相談のうえ，状態に応じた適切な休憩時間や休憩場所の確保，試験時間の延長や試験方法の工夫が求められます。また，厚生労働省の基準では就職試験等の採用選考において，応募者の適性・能力とは関係ない事柄で採否を決定しない公正な採用選考を基本として示したうえで，合理性や客観的に必要性が認められない採用選考時の健康診断の実施が就職差別につながる恐れがあることを指摘しています。しかし，病気を理由にした採用拒否や解雇等が懸念されるために職場に病気を開示できない場合も少なくありません。

　情報的バリアとしては，情報アクセスの課題に加えて，病弱・虚弱の児童生徒のための教育制度や，難病や内部障害の人々への就労支援に関する理解啓発の不足等の理由から一般的な認知度が低く，支援が受けられることが知られていないために，必要な情報に辿り着けない可能性が考えられます。例えば，令和3年度に高等教育機関に在籍する病弱・虚弱学生数は11,830名であり，全障害学生数の中でも大きな割合を占めている（29.0%）ものの，支援を受けている学生数は3,514名であり，被支援率は29.7%となっています（日本学生支援機構，2022）。つまり，病弱・虚弱学生の約7割は高等教育機関から支援を受けずに学生生活を送っていることになります。このことは，病弱・虚弱学生でも

大部分は支援を必要とせず健康な学生と同様の学生生活を送ることができるとも解釈できますが，学生自身が支援が受けられることを知らないために支援に結びつかず，修学の継続が困難になっている可能性も考えられます。

　修学・就労上の心理的バリアとしては，周囲からの理解の不足が挙げられます。健康状態は目で見てわかる場合が少ないために，病気のことを周囲に開示していたとしても共感が得られにくいことがあります。成人では，周囲への遠慮や周囲の視線が気になることから，休憩をとることに引け目を感じる場合もあります。また，病気によっては健康状態が変動しやすいことから，常に支援ニーズが一定であるとも限らないために，一貫した支援の要請がしにくいという点も挙げられます。さらに，児童生徒の場合には，健康状態の自己認知も十分でないために，状況に応じた判断ができない場合もあります。これらのバリアが社会参加を阻み，就学や就労を断念することも少なくありません。

〔深澤 美華恵〕

考えてみよう

1. 長期にわたる療養を必要とする病気の人々への心のバリアフリー対策として，何ができるでしょう。
2. そのような人々を支援する際には，どのような人との連携・協働が必要になるでしょう。

腎移植から得たさまざまな想い

　私は腎臓に障害を抱えて生まれてきました。腎臓の片方が機能しておらず，生後すぐに手術を受けたようです。物心ついたころには，定期的な通院と毎日の服薬がありました。医師からは小学生の頃には透析が必要になるだろうと言われていたようですが，ありがたいことに一度も透析をせずに高校生まで成長しました。しかし，腎機能は徐々に悪化していき，高校1年生の3月に生体腎移植手術を受けました。

　私がこれまで生きてきた中で，バリアを感じたことはいくつかあります。そのひとつとして，内部障害の認識が広まっていないということが挙げられます。

　移植手術の直後に治療がうまくいかない時期があり，3か月の間，入退院を繰り返していました。また，治療が落ち着いても精神的にも追い込まれていたため，不登校に陥っていました。そのような中，高校の学年主任が私にかけた言葉は「学校へ来い」の一点張りでした。このときに，いわゆる「健常者」と「障害者」の温度差を感じました。その先生は今まで生きてきた中で内部障害のある人と関わってこなかったのでしょう。その事実自体がインクルーシブな社会の形成ができていないことの表れだと強く感じています。

　また，外見からは障害があることがわからないということも社会的バリアにつながっていると感じています。障害と聞くと，知的障害や肢体不自由等，言動や外見から障害があるとわかるような人を想像すると思います。一方で，内部障害は外見からは全くわかりません。私自身，周囲に自己開示をするよう努力していますが，本当に理解されているか，障害があることを忘れられていないか，不安になることがあります。日常生活の制限はほとんどないため，勘違いされているのではないかと思うこともあります。周囲と同じように生活できているがゆえに，周囲と違うことを発信しにくいというのが正直なところです。

　私はこの原稿を執筆している時期に教員を退職することを決めました。初任者として仕事に挑戦してきましたが，今の腎臓を長生きさせるためには教職を続けていくことは厳しいと判断しました。退職の要因として，自分が適切な配

慮を周囲に求めきれなかったということもあります。社会人として生きていく中で，障害者であることを自覚し，体を一番に考えて行動することが今後の課題です。

　このコラムを通して，少しでも多くの人に自分の経験や思いを知っていただければ幸いです。

〔紀 亮介〕

5

聴覚障害からみた社会的バリア

(1) 聴覚障害の概要

　聴覚障害は3つの種類に分類されます。伝音性難聴，感音性難聴，そして混合性難聴です。この分類は，聴覚器官のどの部位に障害があるかに基づきます。

　聴覚器官は，伝音系と感音系の2つに大別されます。伝音系は，**外耳**と**中耳**の2つで構成されています。外耳とは，空気の振動で伝わる音を耳介で集音し，外耳道を通って鼓膜に伝達するまでの経路を指します。伝わった音は，鼓膜からツチ骨，キヌタ骨，アブミ骨で構成される中耳を経由して蝸牛に到達します。感音系は，**蝸牛**とそれ以降の後迷路神経の2つで構成される**内耳**のことを指します。蝸牛内には約3,500個の内有毛細胞が配列されており，伝音系経由で伝達された振動から周波数成分を分解し，低音には蝸牛の先端部にある内有毛細胞が反応し，高音には蝸牛の入口部にある内有毛細胞が反応して，電気信号に変換します。電気信号は，蝸牛とつながっている後迷路神経へ，そして大脳の聴覚野へと伝達されます。聴覚野への到達過程では，音源の位置を把握したり，騒音等不要な音と自分が聴きたい必要な音を分けたりするなど聴覚情報の処理が行われます。そして聴覚野や言語野で聴覚情報が言語あるいは音楽として理解されます。

　伝音性難聴は，伝音系の障害であり，伝音効率の低下で音声が小さくなって聴こえます。補聴器装用による音の増幅で明瞭に聴くことが可能になります。しかし，感音系の障害である**感音性難聴**は，周波数分解が困難になるため，音声が歪んで聴こえます。例えば，日本語の母音は主に低音域，子音は主に高音域にありますが，高音域の分解が困難である場合，人名で「たけしたさん」に含まれる子音の情報獲得が難しくなり，結果として「あえいああん」のように聴

こえるわけです。補聴器あるいは人工内耳（補聴器の装用効果がみられない場合に蝸牛に電極を埋め込むことで内耳の代わりに電気信号を送る医療機器）の装用は，聴覚情報を補うことで，通常の会話音声を少しでも聴き取りやすくする効果が期待されますが，その装用効果には個人差がみられます。**混合性難聴**は，以上の2つの難聴が合併したものであり，感音性難聴もあるために補聴器あるいは人工内耳の装用効果に個人差があります。

　以上の種類のほかにも，聴覚障害には，程度や聴力型といった分類もあって，さらに聴こえ方は多様になります。聴覚障害の程度は，聴力レベルに応じて軽度，中等度，高度，重度と区分されます。前述の「たけしたさん」の例で考えると，程度が軽い区分から重い区分になるにしたがって，子音の情報獲得が難しくなります。しかし，実は区分が軽いもののほうが周囲に理解されにくいバリアがあることも理解しておく必要があります。明瞭に話せるのだから聴者と同じように聴き取れるだろうと一方的に判断されやすく，聴こえにくさに配慮してもらえない傾向があるからです。それから聴力型については，聴力が損失している音域が高音域，中音域，低音域のいずれかであったり，あるいは2つ以上の音域であったり，あるいはすべての音域であったりすることで，音声の聴こえ方が質的に異なってくるのです。このように聴覚障害には，種類，程度や聴力型などのさまざまな医学的分類があり，聴覚障害当事者一人ひとりの聴こえ方は，これらの分類の組み合わせに，外界のその時々の状況との相互作用も関連して異なってくるわけです。また，補聴器と人工内耳は，聴覚器官の精巧な働きを完全に担うことがまだ難しく，他者の話し方や会話環境の変化によって装用効果が出たり出なかったりします。

　現在，軽度，中等度含め補聴器が必要と思われる聴覚障害当事者は少なくとも約1,000万人以上いると推定されています（補聴器供給システムの在り方研究会，2004）。その中には，日本語とは異なる語彙・文法体系を有する言語である「日本手話」を母語として用いる聴覚障害当事者もおり，学齢期に聾学校に在籍した者の数で推計すると約5万7千人います（市田ら，2001）。日本手話母語話者における日本語の読み書き能力は，やさしい日本語（庵，2016）から標準的な日本語まで個人差があり，個々のニーズに基づいた日本語教育は現在も模索の段階です。なお，音声日本語と聴覚活用を主に用いる聴覚障害当事者は

「難聴者」，日本手話を主に用い，日本語は筆談で行う聴覚障害当事者は「ろう者」と呼ばれています。

(2) 聴覚障害当事者が直面する社会的バリアについて

　社会的バリアは，多様な状態像を示す聴覚障害当事者が，音声言語に強く依存した聴者多数社会の構造におかれることで，さまざまな形で生きづらい状況として現れます。とりわけ不可避的に直面するのは，意思疎通のバリアと情報アクセスのバリアです。**意思疎通のバリア**は，聴者どうしで行う音声優位の意思疎通が聴覚障害当事者のニーズと合致しないことで生じます。**情報アクセスのバリア**は，聴者多数社会における情報伝達が音声言語であるために聴覚障害当事者のニーズと合致しないことで生じます。以下，この2つのバリアが，日常生活の場面と就学・就労の場面でどのように起こるのかを述べましょう。

1）日常生活の場面における社会的バリア
　まず，意思疎通のバリアについて述べます。聴覚障害当事者が一生を通して頻繁に直面する場面は家庭内での意思疎通です。聴覚障害のある子どもは1,000人に1〜2人の割合で生まれており，子どもの両親の90%が聴こえる人であるという報告があります（Marschark, 1993）。聴覚障害当事者を除いた家族全員が聴者である場合が多いといえるでしょう。聴覚障害当事者にとっては，家庭内でとりこぼされず家族と楽しく安心して意思疎通できるかが非常に重要なテーマです。さらに，家族とのやり取りは，子どもの言語発達だけでなく，社会性や情緒の発達にも大きく関わっています。青年期以降は家族との関係や自身のメンタルヘルスの維持に関わります。

　ところが聴覚障害当事者が意思疎通のバリアに直面しても，家族は聴者が多数であるためにそのバリアに気づきにくいことが多いのです。聴覚障害当事者は，「家族団らんの雰囲気を壊したくないから仕方なく黙っていよう」と自己調整するようになります。意思疎通不全やそれに伴う苦悩を家族に相談することも躊躇します。聴覚障害当事者のこうした経験は，家庭外の他者との意思疎通や関係形成にまで影響を及ぼすことも少なくありません。このように家庭内で

の意思疎通のバリアは，言語，認知，コミュニケーション，アイデンティティや心理および家族関係等の発達に必要な経験の制限まで引き起こします。家庭内で細部まで意思疎通できる環境の整備や，聴覚障害当事者と家族がお互いに困りごとを打ち明けてどうしたらよいのか対話できる関係性の形成支援が重要です。そのために，医療や療育等関係機関の連携で乳児期以降の手話獲得環境整備も含めた難聴児及び家族等に対する支援の体制整備が急がれます（厚生労働省社会・援護局障害保健福祉部企画課，2022）。

　また，聴覚障害当事者が聴覚を活用できる場合は，補聴器を装用して意思疎通のバリアの軽減を試みます。補聴器は高価ですが，身体障害者手帳を所持していれば，障害者総合支援法に基づく補聴器の購入費の助成を受けられます。ところが同手帳を所持するには，聴覚障害の程度が高度・重度であることが条件なのです。聴覚障害当事者が約 1,000 万人以上いることは前述しましたが，同手帳所持者（聴覚障害）の人数は約 30 万人（平成 28 年度厚生労働省「生活のしづらさなどに関する調査」）であり，制度的支援を受けられるのは聴覚障害当事者全体の約 3％に留まっています。そこで近年，各市町村では，軽度・中等度の児童や高齢者に対する独自の助成制度を整備する動きが全国的に広まりつつありますが，各市町村の財政事情から助成条件が地域によって異なる現状があります。

　家庭以外の場面では，病院，買い物，食事等でも意思疎通のバリアが起こっています。例えば，病院では手話や筆談での対応は難しいという理由で医療を拒否されたり，インフォームド・コンセントが適切に行われなかったりします。買い物や食事では，筆談をお願いしても従業員から音声だけで対応されてしまうこともあります。そしてそのような場面で意思決定するのは聴覚障害当事者であるにもかかわらず，医師，看護師や店員等は同行者である聴者に説明してしまうことも少なくありません。また，娯楽・文化施設では，聴覚障害があるから危ないと一方的に決めつけて聴覚障害当事者の単独利用を認めなかったり，観劇や館内案内を音声のみで進行・説明する事例もあります。

　意思疎通には，直接対面して行うだけでなく電話を利用して遠隔で行うものもありますが，聴覚障害当事者は病院やレストランの予約等を電話のみで行うサービスを使えませんでした。そこで総務省が「電話リレーサービス」という

公共サービスを令和3年から始めました。聴覚障害当事者と他者との間を通訳オペレーターが手話・文字と音声を通訳することで，双方向が電話でやり取りできるサービスです。しかし，企業（特に金融系）の電話窓口にアクセスしても，通訳オペレーターではなく本人であることを直接確認しないと対応できないと拒否される問題が多発し，企業の対応改善等さまざまな課題が明らかになっています。

　次に，日常生活の場面における情報アクセスのバリアについて述べます。社会情勢や生活情報等を把握して日常生活を維持するために，人々はテレビやインターネット等のメディアを利用します。総務省（2021）によれば，テレビの総放送時間に占める字幕番組の割合はNHKが約85%，それ以外のキー局ではすべて約65%以下となっています。手話放送だと，一週間当たりの放送時間（1局当たりの平均）は最長でNHK教育が約4時間半，NHK総合は約40分，それ以外のキー局では約20分と，非常に少ないのです。このような状況下で聴覚障害当事者が家族と一緒にテレビ番組を視聴しても楽しめず，また，地域住民として地域コミュニティや自然災害等に関する情報も得ることができません（松﨑，2012）。ただし，近年，各局では字幕および手話放送番組を増やす取り組みが進められているとともに，字幕つきCMも徐々にみられてきています。字幕つきCMについては，株式会社ビデオリサーチ（2022）の調査によれば，聴覚障害当事者は字幕があると「商品への理解が深められる」ことから，消費者の立場としても情報アクセスが可能となることがうかがえます。

　施設整備における情報アクセスのバリアは，聴覚情報のみで使うことが前提とされた設計により生じます。例えば，入り口のインターホン，建物のエレベーターやトイレ内の非常時通話，火災や津波警報等の緊急伝達アナウンスです。改修工事をすすめようにも，既存施設の設計上の制限や予算確保の困難等がネックになるという問題もあります。

　このように情報アクセスのバリアは，聴覚障害当事者が，家族の一員，地域住民，消費者として文化芸術・エンターテイメントを味わい，さまざまな立場で参加することのみならず，貢献することまでも制限してしまうのです。

2) 修学・就労の場面における社会的バリア

　修学の場面では，通常，授業は音声言語優位で行われるため，補聴器あるいは人工内耳の装用効果が得られない子どもたちはとりこぼされがちになり，そのために被る教育上の不利益もあります。聴こえる子どもたちは，幼稚園や学校で，他児や教員と集団で話し合ったり，自分の考えを他者にもわかるように内容をまとめて発言・発表したりする実践を通して，抽象的で概念的な事柄を表現したり，話しながら考えたりする認知活動の質を高めているのです（内田，1999）。そこに意思疎通のバリアがあると，話し合い活動に参加できないだけでなく，子ども自身の認知活動も停滞してしまいかねません。また，各教科等で運用できる水準まで日本語能力を高めることが困難な場合もあります。結果として，聴覚障害当事者が障害のない子どもと同等に教育を受ける機会を制限し，その成長をも妨げてしまいかねません。大学や専門学校等に進学したとしても，そこに意思疎通のバリアがある場合には，十分な専門的知識を身につけられず，仕事に必要な能力の習得も困難になります。

　就労の場面でも，職場のミーティングや自身のキャリアアップのために受ける研修の場面で意思疎通のバリアがあることは，自身の能力や見識を高めることを困難にします。こうして能力向上や昇進・昇格に行き詰まりを感じ，職場での雑談も含めた参加機会の喪失の積み重ねによって，仕事へのモチベーションが低下します。聴覚障害当事者の離職率は身体障害当事者全体において最も高い傾向が続いています（岩山，2013）。さらに他者とのコミュニケーション不全や社会的孤立が深刻化することで，聴覚障害当事者のアイデンティティや心理に影響し，20〜30歳代で適応障害や神経症を発症したり自死に至ったりする事例もみられるのです（藤田，1999）。この背景には，学童期以降で聴覚障害当事者の心理的問題に特化した相談支援を行う社会資源が非常に限られていることが関連していると思われます（河﨑，2014）。

　学校や職場で音声による意思疎通のバリアを除去するためには，周囲の聴者が早口にならないように話す，手話や視覚的な手段（文字や身振り等）も用いる，同時に複数の人が話さないようにするなどの方法があります。しかし前述の家庭内での問題と同様に，聴者が多数であれば音声優位で進められてしまいがちです。そこで，学校や職場に手話通訳者や文字通訳者を配置する方法があ

り，その派遣や派遣費の助成に関わる制度があるのですが，運用上の問題もあります。障害者総合支援法の意思疎通支援事業で手話通訳者・要約筆記者派遣事業が実施されていますが，特定の人に対して何回も派遣することは認められていません。そのため一部の自治体では独自に学校生活支援員制度を整備していますが，財政事情から派遣の回数や時間に制限を設けており，実質的な問題解決につながってはいない場合があります。高等教育では，大学等が学内で支援体制を構築しているのですが，一般学生がノートテイク（要約筆記）や字幕制作の技術を身につけ，空きコマを利用して支援していることが多く，授業参加の質を保障する通訳者の安定的確保が長年の課題です（松﨑，2019）。職場の通訳者配置に関しては，高齢・障害・求職者雇用支援機構による障害者介助等助成金で「手話通訳・要約筆記等担当者の委嘱助成金」がありますが，企業の意思がないと申請できず，1回あたりの助成額の上限がありますので，当然，派遣回数も限られるといった制度的問題があるのです。

　就労に関してもうひとつ制度的問題があります。かつて医師や看護師等の資格取得に関わる法律が制定されたときは，いずれも「目が見えない者，耳が聞こえない者又は口がきけない者」には資格や免許を与えないという「絶対的欠格」が設けられる，という制度的問題がありました。しかし1999年の政府方針で見直しが行われ，2001年の通常国会の可決で「相対的欠格」に変わり，資格や免許を獲得できるようになりました。ただ相対的欠格は，「資格を与えないことができる」という意味であり，場合によっては資格の与奪を決められるため，完全に制度的問題が解決されたわけではありません。白井（2004）は「障害者を危険視あるいは半人前扱いする見方が根底にあるのではないか」と指摘しており，制度の制定や運用に関わる人々の偏見も根強く残っているといえます。

(3) おわりに

　冒頭で，聴覚障害からみた社会的バリアとは，音声言語に強く依存した聴者多数社会の構造の中に聴覚障害当事者がおかれることで，聴覚障害当事者にとって生きづらい状況として現れると述べました。そして，本章で述べてきたように，意思疎通や情報アクセスのバリアを放置するとさまざまな問題が付随的に

起こり，聴覚障害当事者はさらに生きづらくなっていくプロセスがあります。そして，長年絶え間なく生じる意思疎通や情報アクセスのバリアの集積は，聴覚障害当事者自身に，自分は社会的に価値がないのだ，と思わせるほど他者・社会とのつながりを断ち切ってしまいます。

　こうした構造やプロセスを念頭において社会的バリアを除去する意義と重要性を明確にし，聴覚障害当事者が家族の一員や地域住民等どのような立場においても制限なく活動でき，周囲への貢献も可能となるように，実効的なバリア除去のありかたを考える必要があるでしょう。

〔松﨑 丈〕

 考えてみよう

1. 聴者が多数の家族団らんで聴覚障害当事者がとりこぼされないようにするために，あなたは家族の一員として意思疎通のバリアをどのように解消しますか。
2. 学校や職場で聴覚障害当事者が明瞭に話していても，難聴があることを忘れずに意思疎通をきちんと実践するために，あなたは教員としてあるいは職場の同僚としてどのようなことができますか。

コラム 4 「聞きたい」「知りたい」のスタートは対話から

　聴覚障害当事者と一括りに言っても，聞こえ方やコミュニケーション手段，バックグラウンド等は人それぞれ異なります。私自身は，幼少期は軽度難聴，そして現在は重度難聴という進行性難聴の当事者であり，日常生活では補聴器を装用し聴覚を活用しながら音声をメインにコミュニケーションをとっています。こうした私の立場から，2つの視点で社会的バリアを考えたいと思います。

子どもを育てる親の視点から

　私は現在，0歳と3歳の2人の子どもを育てています。子どもを通してつながる社会は，自分だけのそれとはまた違った世界を見せてくれます。例えば保育園。入園前の見学から入園後の普段の連絡まで，保育園ととらなければならない連絡は数知れず。園によってはメールよりも電話がメインで使用されているために，メールでのやり取りが難しいこともありました。現在利用している保育園では，電話の代わりにメッセージアプリを使用して連絡をとっています。また，普段の連絡以外にも，保護者会や運動会等のイベントの際にはどのように情報にアクセスするかを考えなければなりません。手話通訳者派遣など自治体の福祉サービスを利用するのか，それとも，少しの工夫で環境を改善できるのか。その行事がいつどこで，どれくらいの規模で，どのように進行されるのか，などがわからないと最適な配慮の方法も見えにくいのです。そのため，保育園には事前に詳細を伺い，私たちがもっている選択肢，そして，保育園側で対応できる範囲をお互いに確認し，どんな方法を使って参加するかを決めています。イベントごとにこうした労力を割かねばならず，本音では，「もう少し気楽にイベントに参加できたらなぁ」と思ってしまうことも。

聴覚や音声を活用してコミュニケーションをとる当事者の視点から

　先述したように，聞こえる人とコミュニケーションをとる際には私は聴覚と音声を活用しており，初対面の方は私に聴覚障害があることに気づかないこと

も少なくありません。また，聴覚障害があることを伝えても，「(音声で) 話せている」「聞きとれている」という印象を与えてしまうと，「聞こえているから大丈夫だろう」と思われてしまうことがあります。「配慮は不要では」と言われることもしばしば。当事者ではなく周りの人が，その人の困り具合や配慮の要・不要を判断してしまうのは残念ですが，私たち当事者も，どんなふうに困っていて，何をして欲しいのか伝えていく必要があるのだろうと思います。

　困りごとや要望を都度，伝えなくても居心地良くいられる環境で溢れたらと願いますが，聞こえる人との関わりを通して感じているのは，「まだまだ聴覚障害がある人たちのさまざまな聞こえや困りごとが社会に知られていない」ということ。だからこそまず，知ってもらうことから対話がスタートすると思っています。対話を通して少しずつお互いのことを知り，相手の立場で考えてみることができるようになっていくと感じています。ぜひ皆さんも，まずは目の前の人との対話を大切にしてください。楽しみながらコミュニケーションを繰り返す中で，たくさんの気づきが生まれていったらと願っています。

〔志磨村 早紀〕

6

発達障害からみた社会的バリア

(1) 障害の概要・機能障害

1) 発達障害とは

　近年，**発達障害**に対する社会的関心が高まりつつあります。しかし，発達障害に対する誤解も多く，精神障害や知的障害と混同されやすい障害といえます。日本における発達障害の定義として，発達障害者支援法においては「自閉症，アスペルガー症候群，その他の広汎性発達障害，学習障害，注意欠如多動性障害その他これに類する脳機能の障害であってその症状が通常低年齢において発現するものとして政令で定めるもの」とされています。この定義で述べられている自閉症，アスペルガー障害について，現在の医学的な診断基準の1つである精神疾患の診断統計マニュアル（DSM-5）では，これら2つを含んだ概念として「自閉スペクトラム症（自閉スペクトラム障害）」とされています。本章では，発達障害として，自閉スペクトラム症，注意欠如・多動症（注意欠如・多動性障害），限局性学習症（学習障害）の3つの障害について，その機能障害と社会的バリアを概観します。

2) 自閉スペクトラム症

　自閉スペクトラム症（Autism Spectrum Disorder：ASD）は，「社会的コミュニケーションの障害」と「限定された反復的な行動様式」の2つの症状を中核としています。

　社会的コミュニケーションの障害は，主に他者と対人的なコミュニケーションを行うことの難しさです。特に，人をはじめとする社会的な対象についての認知である社会的認知は，発達を通して苦手であることが示されています。社

会的認知には，アイコンタクトや指差し，視線追従等が含まれますし，幼児期や児童期では，他者の考えていることや感情，知識の状態等の他者の心的な状態を理解する能力である心の理論の獲得の遅れや自発的な使用の困難さ（Baron-Cohen et al., 1985; Senju et al., 2009），また心の理論に関連する欺き行為の困難さ等が指摘されています（Yokota & Tanaka, 2013）。こうした社会的認知の困難さは，人間関係を発展させ，維持することの困難さの基盤となっていると考えられます。より年長者の場合，社会的認知の困難さは，対人場面において臨機応変に，ふさわしい行動をとることの困難さとして現れます。

限定された反復的な行動様式は，主にこだわりと言い換えられます。このこだわりは，ある対象に対する強い興味関心として示される場合もあれば，スケジュールやルール等へのこだわりとして，変更が難しかったり，自分が決めたルールに囚われてしまうといった困難さが生じることもあります。

3）注意欠如・多動症

注意欠如・多動症（Attention-Deficit/Hyperactivity Disorder：**ADHD**）は，日本では，2000年代に認知され始めた発達障害です。ADHDは，主に「不注意」と「多動性および衝動性」という2つの症状から構成されます。**不注意**は，集中することの困難さや注意力のなさです。これは，物音や話し声など反応する必要のない外からの刺激によって集中が阻害されやすかったり，ふとした瞬間に物思いにふける（マインドワンダリング）といった症状が背景にあります。

多動性については，不適切な場面での過剰な運動活動性や落ち着きのなさなどの行動特徴を指します。具体的には，座っていることが求められるような場面で動き回ったり，手足をソワソワと動かしたりするといった行動が挙げられます。また，思考の多動性として，考えがまとまらなかったり，喋りすぎるといったことがみられることもあります。**衝動性**は，見通しをもたずに出し抜けに行動してしまったり，不必要な行動を抑制できずに行ってしまうといった行動特徴です。

このような症状の背景として，行動抑制の難しさ，報酬の遅延嫌悪，時間的処理の障害の3つが想定されています（Barkley, 1997; Sonuga-Barke et al., 2010）。行動抑制の難しさは，優勢な反応の抑制，実行中の行動の停止，葛藤を

処理することの 3 つの機能があり，これらの機能が障害されることにより，多動性や衝動性が生じると考えられます。また，報酬の遅延嫌悪は，少量であっても即時的に報酬を得ることを選択する傾向であり，特に衝動性と関連が深いと考えられます。最後の時間的処理の障害については，時間感覚の区別や予測に関連する能力の困難さです。このような困難さにより，ADHD の症状として，優先順位を考えたり，自分の行動を段取りよく計画することの困難さが生じ，結果として，不注意の症状につながると考えられます。

4）限局性学習症

限局性学習症（Specific Learning Disorder：SLD）は，知能の全般的な遅れがないものの，単語を正確に読む・書くこと，読解，計算や数的処理といった特定の領域において，学業的な技能を習得することの特異的な困難さを示します。これらの障害のうち，特に読み書き障害（**発達性ディスレクシア**）については，国内外共に多くの研究知見が蓄積されています。発達性ディスレクシアは，流暢に言葉を認識したり，正確に文字を綴ることの困難さに特徴づけられます。

このような状態像に対する説明としては，文字を音に変換したり，音を文字に変換するといった音韻処理に関する困難さや，文字を読む際の視覚処理に関する困難さ等が挙げられます。発達性ディスレクシアのある子どもは，読むことに多大な努力を要するため，読書経験が不足し，読書から得られる知識等に遅れが生じることもあります。

また，SLD の場合，読み書きや計算といった学習スキルに特異的な難しさが学業成績と密接に関連します。そのため，自己評価や学習への動機づけが低くなりがちで，不安や抑うつ傾向が高くなることも指摘されています。

（2）社会的バリアについて

1）日常生活上のバリア

発達障害のある人が日常生活で遭遇する社会的バリアはさまざま考えられますが，ここでは心理的バリアに焦点を当てます。発達障害の機能障害はこれま

で述べてきたように，その人の行動特性が中心であるため，周囲の人から障害が見えづらい，理解されづらいという特徴があります。例えばASDのある人の場合，障害特性によりコミュニケーションの困難さがあるため，社会的に奇妙な振る舞いをしてしまいます。ADHDのある人であれば，約束の時間を守れなかったり，借りたものを返さなかったりといった行動をとってしまうかもしれません。

　このような行動は，障害特性によるものですが，これらが障害であるという可視性が低いため，友達や教師，同僚からは，風変わりな人やルーズな人として理解されてしまいます。このような，外見上の特性と行動特性のギャップによって発達障害のある人は，社会的な排斥を経験しがちです。**社会的排斥**は，学校場面であれば，いじめという形で表れ，心理的バリアである周囲の人たちの否定的な態度によって引き起こされます。

　実際に，ASDのある子どもの保護者に対して実施された質問紙調査では，ASDのある子どもはない子どもと比較して約4倍のいじめられ経験を有していたことが明らかにされています（Cappadocia et al., 2012）。さらに，いじめによってメンタルヘルスに影響を受けることも明らかにされています。より高頻度でいじめを受けたASDのある子どもは，いじめを受けたことがない，もしくは受けていても頻度が高くないASDのある子どもと比較して，問題行動，不安や落ち着かなさ，自傷行為等が多く見受けられることが指摘されています。

　さらに，いじめられ体験に関連する要因については，対人コミュニケーションや上述のような不安の高さや落ち着きのなさといったASDのある子どもの個人要因が指摘されていますが，社会的な要因として，学校での友人の少なさも影響することが明らかにされています。ここで，学校での友人の少なさについては，2通りの解釈が可能です。すなわち，1つめは，ASDの機能障害である社会的コミュニケーションの難しさや同年代の子どもと仲間関係を築くこと，維持することの難しさといった，ASDのある子ども個人の側に課題を求める考え方です。2つめは周囲の側の課題として，ASDのある子どもが示す社会的に奇異な行動を受け止めることができずに，否定的な態度や認識を示して，仲間関係を形成しないことが考えられます。

　社会的排斥は，上述した学校場面におけるいじめだけでなく，職場やプライ

ベートでも生じると考えられます。社会的バリアとしての排斥を考える場合，ASD児・者における機能障害（この場合は社会的コミュニケーションの困難さ）と，心理的バリア（周囲の否定的な態度・認識）という両面を考慮することが必要です。そのうえで，この否定的な態度や認識を肯定的に変容させていくことが重要であると考えられます。

2) 修学・就労上のバリア

修学上の中心的な社会的バリアとしては，**情報的バリアや制度的バリア**が挙げられます。情報的バリアは，情報提示のされ方によって，同等の情報を得ることができないバリアです。発達障害の場合，口頭での指示や説明が中心で進む大多数の授業形式では，提示された情報を十分に理解することができません。これは，ASDのある人であれば，社会的コミュニケーションの苦手さにより，教師や発言者に注意を向けることが難しく，情報を聞き逃したり，一度にたくさんの情報を記憶しておくことの難しさが背景にあります。ADHDのある人の場合，授業時間中に適切な場所（教師や教科書等）に注意を向け，集中して活動に取り組むことが難しいことや，周りの刺激で注意が逸れてしまうこと等が背景にあります。

また，授業中は，板書の内容を覚え，ノートに書き写しながら教師の説明を聞き，その説明の中で重要と思われる部分をメモとして残すといった，非常に多くのことを同時に行うことが求められます。多くの発達障害児・者は，このようなマルチタスクが苦手で，授業では十分に提示された情報を得ることができません。

また，授業形態が制度的なバリアになる場合もあります。大勢がいる教室で受けなければならないことやグループディスカッション等の授業形式や，提出物の期限，試験時間が一定に定められていること等が挙げられます。また，特に大学の場合，時間割を立てることや，履修登録等の履修システムの複雑さ，自分に必要な情報は自分で掲示板等に確認しにいかなければならないといった点も制度的なバリアとなり，多くの場合，入学時期に必要な情報が得られずにスタートダッシュに遅れてしまうといったことが見受けられます。

次に，就労では，必要とされることがそれまでの修学上のこととは異なりま

す。修学では，極端に言えば，勉強さえできれば大きな問題は生じないかもしれませんが，社会人として働くにあたっては，人間関係の構築や対人コミュニケーション上で求められることが格段に複雑化します。したがって，高校や大学までは問題なく過ごすことができても，社会人になって問題が顕在化することもあり，発達障害と新たに診断された対象のうち，約5割が成人というデータもあります。

　大人の発達障害で特に問題になるのは，ASDとADHDであると考えられます。現代の日本社会の傾向として，社会人基礎力（経済産業省，2018）にうたわれている「前に踏み出す力」「チームで働く力」等が重要視されていることからわかるように，対人コミュニケーションや臨機応変な対応等が求められており，そのような前提のもとに，職場が成り立っていると考えられます。

　したがって，就労上の社会的バリアとしては，求められることと発達障害のある人のできること・得意なこと等とのミスマッチといった制度的なバリアが挙げられます。また，口頭のみでの曖昧な指示や，臨機応変に対応する度合いが大きな指示等の情報のバリアも考えられます。

　さらに，このような障害特性への理解や支援がないことで，仕事上でのミスが誘発されることとなります。ミス自体による自己肯定感の低さも問題となりますが，ミスを繰り返すことにより，心理的バリアとして周囲の目や態度が否定的になり，結果として職場の適応に悪影響を与えることも考えられます。

〔横田 晋務〕

考えてみよう

1. 3つの発達障害のうちどれか1つを取り上げ，実際にその発達障害のある人とあなたが関わる際に気をつけるべきことについて，その障害特性との関係から200字程度でまとめてください。
2. 本章で取り上げられた発達障害の社会的バリアの1つを取り上げ，その背景となる機能障害，および社会的バリアを解消するうえで有効と考えられる合理的配慮を200字程度でまとめてください。

コラム

5 わかろうとすること

「私に楽しいことをする資格なんてない」

　これは，小学校高学年の頃の私の口癖でした。

　私はASD（自閉スペクトラム症）の当事者であり，感覚過敏やコミュニケーションの苦手さがあります。健常者なら何ら気にならない音・視覚・においといった情報に怯え，小学校低学年の頃は「学校に行きたくない！」と毎日のように泣いていました。自分は何か人と違うと感じ，周りから浮いているのではないかと人の目が気になって仕方なくなりました。しかし当時は「発達障害」という言葉がメジャーではなく，私は自分のつらさを「心が弱いから」「努力が足りないから」だと信じて疑っていませんでした。やがて，私の思考は「頑張れない私は楽しいことをしていてはいけない」と自罰的なものに偏っていきました。自分が発達障害をもっていると知った中学生のときには，私の自尊心はボロボロでした。

　私の思う，発達障害者にとって最も大きなバリアは社会の無理解です。これにより多くの発達障害者は「できないのは努力が足りないからだ」「あなたはおかしい」という言葉・目線に晒されます。運良く直接的にそのような態度をとられることがなくても，私のように自分で自分にその評価を下すようになりかねません。発達障害は，目に見えません。健常者との明確な境界もありません。当事者にとってすら，完全に理解するのは難しい障害です。だからこそ，一人ひとりの「理解しよう」という姿勢が非常に大切です。

　2016年に障害者差別解消法が施行され，学校の先生や事業主には，すべての障害者に「合理的配慮」を提供する義務が課せられました。しかし，われわれ学生はどうでしょうか？　もし同じクラスに，他の人にノートを取ってもらっている学生がいたら，それが「合理的配慮」であると気づける人はどれくらいいるでしょうか？　たとえ法律で決まっているといえど，大多数の一般人にその内容は浸透していません。そのような状況で，障害者が合理的配慮を求める

のはとても勇気がいります。現在大学で配慮を受け，きちんと授業を受けることができるようになってきた私でも，サークルやアルバイトなど，理解が進んでいないことが想定される環境に身を置くのには大きな不安と抵抗があります。

　発達障害者のひとりとして私が社会に求めるのは，「わかろうとすること」です。完全に理解できない部分があるのは仕方がありません。しかし，わからないからと避けるのではなく，お互いが少しずつでも歩み寄れるようになればいいなと私は願っています。

　このコラムが，読んでくださった皆様にとって障害者理解の一助になっていると嬉しいです。

〔匿名希望〕

精神障害からみた社会的バリア

（1）精神疾患（精神障害）の概要と機能障害

　精神障害とは，**精神疾患**により精神機能の障害が生じたために日常生活や社会参加に困難を抱えている状態のことをいいます。

　精神疾患には一般に小児期または青年期に最初に診断される疾患から，加齢現象による認知機能障害に至るまで人生の幅広い経過の中で起こり得る疾患が含まれています。精神疾患の症状（精神症状）は，一般人口の中にかなり広範囲に認められるもので，正常な範囲にいる人でも少なくとも1つ，あるいはいくつかの症状を有していることが多いとされています。しかしながら，多くの人は生活の中でその1つ，あるいは複数有している症状についてあまり認識していません。症状により，日常生活に苦痛や，社会または職業上の機能に著しい障害がもたらされていなければ，精神疾患（精神障害）と認識されていなかったり，診断されることがないからです。精神疾患によって必ず重度で持続的な問題が生じていることが重要とされ，診断基準の中核または必須とされています。

　このような精神疾患の診断に際しては，アメリカ精神医学会作成のDSM-5（DSM-5 精神障害の診断・統計マニュアル：APA, 2013）やWHO（世界保健機関）が作成したICD-10（疾病，傷害および死因統計分類提要　ICD-10準拠：WHO, 1992-1994）が基準となっています。

　精神疾患（精神障害）とは，脳の障害や損傷等による働きの変化が原因で，感情や行動に著しい偏りがみられる状態と考えられていますが，大きく分けるとその原因によって以下の3つに分けられると考えられています。

①外因性精神疾患（外因性精神障害）

　外傷や疾患，薬物の影響など明確な理由で脳神経の働きが阻害されて精神症状があらわれるものです。例としては交通事故によって生じた頭部外傷後の高次脳機能障害や感染症によるもの，違法薬物による幻覚・妄想等が挙げられます。アルツハイマー型認知症など認知機能障害は，加齢によって起こる病気のイメージがありますが，少しずつアミロイドβ蛋白が脳細胞に蓄積し，脳の細胞が損傷することにより引き起こされるため，認知症も器質性の精神障害としての特徴をもっています。2020 年以降流行している Covid-19 罹患後に起こる症状（物忘れや考えがまとまらない，不安や抑うつ等）もウイルスに起因する何らかの脳に対するダメージが想定されており，これに含まれると考えられています。

②心因性精神疾患（心因性精神障害）

　心理的ストレスが原因で症状が出てくるもので，代表的なものは急性ストレス反応や適応障害，心的外傷後ストレス障害（Post Traumatic Stress Disorder：PTSD）などがみられます。本人の性格や精神的なダメージを受ける出来事等の心理的・環境的な要因が発病の原因といわれています。そのため，原因となるストレスや環境から遠ざかることで不安が軽減し，生活を見直すことで回復することも多いのが特徴です。

③内因性精神疾患（内因性精神障害）

　原因がはっきりとしないのに精神症状がみられるもので，よく知られているものとして統合失調症や気分障害（単極性，双極性）などが挙げられます。今までの研究では，統合失調症ではドーパミン，うつ病ではセロトニンやノルアドレナリンといった脳内の神経伝達物質が症状に影響を与えることが報告され，薬物療法としてこれらにフォーカスした治療薬が開発されています。再発や再燃を繰り返すこともみられ，治療としては対症療法的に薬物療法を行いながら人生の中で長くつき合っていく必要があるのが特徴です。日常生活の困難さが顕著なことから狭義の意味ではこの内因性精神疾患が精神疾患（精神障害）と考えられることがあります。

　精神疾患がもたらす機能的な障害は，原因が外因性・心因性・内因性にかかわらず，よく重複して日常生活の不自由さがみられます。どの精神疾患でも病状が深刻化すると，人間関係がうまくいかなくなったり，判断能力や行動コントロールの低下がみられます。また，多くの精神疾患が不眠や食欲不振をきたし，こころだけにとどまらず，心身共に大きなダメージを受けます。近年，テレビやインターネットの普及により，一部の情報やトレンドの疾患に左右されて自分で勝手に特定の疾患だと思い込んでいる人が多くみられる傾向にあります。

　例えば，意欲や活動性の低下，興味の喪失は，多くはうつ病にみられると考えられていますが，統合失調症の陰性症状がメインの時期にも同様にみられます。また，集中力が続かず，ぼんやりしてしまいミスが増えるという症状も注意欠如・多動症（Attention-Deficit/Hyperactivity Disorder：ADHD）や統合失調症，気分障害，高次脳機能障害とあらゆる精神疾患にあらわれます。人間関係がうまくいかなくなることも生来的に「空気の読めない（人の気持ちがわからない）」疾患から，後天的に発生するパーソナリティの問題や病状により人との関係が億劫になる，被害的な認知に起因して人との関係が疎遠になるなどのものまで幅広くみられます。その人が抱える日常生活全般に起こるあらゆる困りごとには生来のものであるのか，後天的な要因によるものなのか注意して疾患名について慎重に考えていく必要があります。

　何度も同じことを繰り返したり質問したりすること（常同行為，強迫行為，あるいは記憶障害）や，自分で計画を立てて物事を実行したり，効率よく順序立てたりできない（遂行機能障害），些細なことでイライラして興奮したり思い通りにならずに大声を出す（社会的行動障害），できるつもりで行動した結果トラブルになる（病識欠如）など多くの社会生活上の機能障害を来すことが精神疾患（精神障害）にはみられます。これらの機能障害は，正しい知識や理解が得られていなかったり，誤解や偏見，差別の対象となりやすく，社会参加の妨げとなります。

(2) 社会的バリアについて

1) 日常生活上のバリアについて

　精神障害を抱える人の日常生活にはさまざまな障壁（バリア）が存在します。精神疾患へのスティグマ（stigma：日本語では，差別や偏見の意味で用いられることが多い）が根強くあり，当事者の援助希求や受療行動を妨げるなど，精神疾患の予防や回復に大きな影響を与えていることが知られています。精神疾患へのスティグマは，大きく3つの要素があります。精神疾患に対する知識不足（無知），態度（偏見），行動（差別）に分かれ，誤った情報や固定観念をもって同調する，精神疾患をもつ人を恐れたり怒ったりするなどの否定的な反応を示すことがみられます。またグループや社会から排除しようとする行動も含まれます。一部の文化では精神疾患を霊的なものと考えられていたこともあり，歴史的にも古い映画の中でおどろおどろしいものに対する連想があります。人は予測不能な出来事や行動に対して恐怖の感情が生まれやすく，理解しがたい考え方や思考があるものに対して否認することがあります。精神障害のある方々に対する一番のバリアは心理的なバリアが多くを占めると考えられます。

2) 修学（初等・中等・高等教育）・就労上のバリア

　精神疾患の好発（最も発病しやすい）年齢が10～20代の若者だと言われています。Kesslerら（Kessler et al., 2005; 2007）によると，精神疾患に罹患した成人は，その半数が10代半ば（14歳）までに発症しており，4分の3が20代半ばまでに発症していると報告され，人生の中でも割と早期の児童，生徒，学生の年齢でその多くが発症していることになります（図1）。この時期は多くの人が学生生活を営み，その後の人生で重要とされる学力や対人関係能力・生活能力などを獲得する重要な時期と重なります。ただ，精神疾患はある日突然急激な症状を呈することは少なく，いろいろなつまずきが重なり，日常生活への支障が顕在化することで初めて気づかれることも少なくありません。

　元々コミュニケーションが苦手とされる自閉スペクトラム症などの発達障害の子たちは異質と思われてしまいます。また，子どもから大人に向けての心身

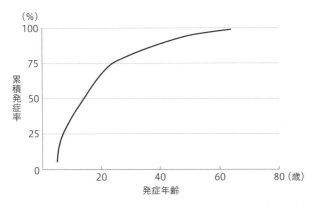

図 1　精神疾患に罹患した発症年齢（各年齢までの累積発症率）
(Kessler et al., 2005 を一部改変)

が急激に変化・成長する時期には人間関係やコミュニケーションも変化してい
くため，その流れに乗りきれない場合には孤立を深める場合も出てきます。運
動が苦手，人とうまく関われない子などの他の子と少し異なる場合にはいじめ
の対象とされることが多くみられます。「何かおかしいな。メンタルの不調か
な？」と思った際に 10 代の子どもたちと保護者は「まさか自分が（自分の子ど
もが）」などと否認や戸惑いから対処が遅れがちになることも多くみられます。
精神疾患を発症してから受診に至るまでの期間は「DUP（Duration of
Untreated Psychosis：精神病未治療期間)」と言われますが，なかなか受診に
至らない状況はデータとしても報告がみられます。DUPは本人が症状や自分が
病気だと自覚した時期からカウントされていますが，最も若い世代で発症しや
すい統合失調症では中央値でDUPが5〜6か月と報告されています。治療につ
ながるまでの長期間に眠れない，イライラが続く，集中できないなどの状態が
継続することで，学力にも影響が出てしまい，状態悪化してから治療を進める
ことで治療期間が長くなり，学業から長く離脱することも最終的に人間関係を
損なうなどさまざまな影響が出てきます。実際，DUPが短いほど精神障害の予
後も良好で，治療開始が遅れるほどさまざまな機能障害が起こることも報告さ
れています（齊藤ら，2016）。

　本来，さまざまな経験を通して得られる時期に疾患に気づかれず，無理解な
どにより見過ごされてしまうと治療の機会を逃したり，生涯にわたりさまざま

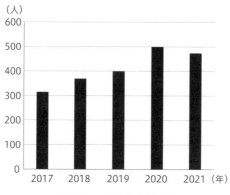

図2　児童生徒の自殺者数

な弊害が生じることになってしまいます。

　これらのことに対処するためには，早期発見・早期介入が必要とされており，精神疾患に対する正しい知識が必要とされています。多くの先進国（イギリス，オーストラリア，カナダ等）では保健教育の中に精神疾患に関する教育が行われるようになってきています（Ojio et al., 2015）。日本ではネット上で精神疾患についての情報が氾濫し，ストレス対処法については一部保健体育の授業の中で盛り込まれていますが，子どもも教員も保護者も正しい情報や精神疾患についての系統立てた教育を受けていないため，なかなか理解や障害の受容につながらないのが現状と考えられます。小・中・高の児童生徒の自殺者数は近年増加傾向にあります。2017年315人，18年369人，19年399人と推移していましたが，コロナ禍となり20年は499人，21年473人と急増しています（図2）。Covid-19という環境要因の変化が及ぼす影響も考えられますが，ストレスの多さや生きづらさを抱える子どもの「こころの病気」は増えていると考えられます。その影響もあり2021年頃よりようやく日本でも約40年ぶりに高校の保健体育の授業に精神疾患の内容が盛り込まれたなどの話も散見されています。

　2009年人口動態統計がまとめた精神疾患の死亡者数は1.1万人で，さらに自殺による死亡者数は3.1万人と，糖尿病で死亡した1.4万人を大きくしのぐ報告となりました。2013年度より国は地域医療の基本方針となる医療計画に新たに精神疾患を加え，5大疾病（がん・精神疾患・脳卒中・急性心筋梗塞・糖尿病）に5事業（救急医療・災害医療・僻地医療・周産期医療・小児医療）が国民に

関わる疾患として重点的な対策が必要としています（厚生労働省「人口動態調査，5疾病5事業について，児童生徒の自殺対策について」参照）。精神疾患は昔から認知されている疾患であるにもかかわらず，死亡理由の一因として大きくなったことでようやく取り組みが始まったということからも，精神疾患に触れることはなかなか社会的にも困難であったことがうかがえます。精神疾患による精神障害は慢性的で非常に困難さを伴います。非常時における対応のみならず，事前に対策を講じることが必要となります。そのためにも精神疾患における正しい知識を得て，かつ発症しやすい時期の当事者である若者自身への啓発，それをとりまく社会全体へ理解が深まることが精神障害を抱える人たちへの社会的包摂につながることと考えられます。

〔松尾 寿栄〕

考えてみよう

1. 今までの精神疾患に対するイメージと，本章を通じて感じたことをまとめましょう。
2. 精神疾患・障害がある方への望ましい対応について考えられることをまとめましょう。

6 うつ病を体験した精神科医が感じたこと

　毎日のようにうつ病で苦しんでいる患者さんを診察していた自分が，うつ病にかかってみて，最もつらかったことは，周囲の理解が得られなかったことでした。周囲の人々の行動がどのように変化するか，自分には普段よりも，より敏感に感じられるようになり，迷惑をかけてはならないという意識がとりわけ強くなったように思います。職場の同僚は，むしろ仕事を切っていくという合理的な判断で，ますます自責感が増し，今のうつ病に陥った自分が何らかの仕事で組織の中に貢献できないか，悩む日の連続だったような気がします。

　うつ病の最大の症状は，朝方の気分不良。朝，シャワーを浴び，全身に刺激を与えて，どうにか，職場にたどり着くことで精いっぱいだった。ただ，周囲の同僚の目をみると，自尊心が傷つけられる連続だった。そこで，ひとこと「調子があまりよくないようですね。何か困ったことでもあったのですか」と声をかけてほしかった。排他的に扱われるのではなくて，同僚としての心配が伝わるようなごく自然な会話。その日常的な会話が，病者にとってどれだけ大切なのか，事務的な挨拶ではなく，感情のこもった心配，それを心底から待っていた自分ですが，残念ながら，そういう語り掛けというのがなかったように思いました。

　周囲の方々は皆さん，自分の仕事で精いっぱいなのでしょう。しかし，日常的なコミュニケーションが途絶え，触れないで，避けられることは，病者にとって，これほどつらいことはありません。仕事を切られることは，ある意味で差別を受けているという意識に変化します。壊れた部品は，新しい部品に交換されることは，世の常ですが，人間はそうではない。必ず回復する病という視点にたてば，安心して回復を待つという姿勢が同僚の方々の最も大切な理解だと思います。

　時間が最大の薬だと思いつつも，不安と焦燥から，辞めさせられるのではないかという考えに発展し，一部の人は命を失う方もこれまで精神科医として体験してきました。私に課せられた運命は，うつ病の本当のつらい気持ちが理解

できていないために，神様がその体験を自分に与えたと思える余裕がみられる
ようになったので，順調に回復していたのでしょう。診療の場面で，回復の兆
しがなかなか見えてこない人もみられます。「時間がかかっても大丈夫ですよ」
といった，ちょっとした一言，コミュニケーションが，大きな意味をもつこと
を実感しました。

〔佐藤 武〕

III

>>>>>>>>>>>

アクセシビリティ
向上のための支援技術

遠隔情報保障と情報アクセシビリティ

　2019年以降に世界的に猛威を振るったCovid-19の影響で，会社や学校，民間の各種サービス機関等，あらゆる場面でWeb会議を活用したオンライン上でのコミュニケーションが行われるようになりました。大学も，オンライン授業を採用し，学生たちが自分のパソコンやタブレットを用いて，自宅から授業に参加する光景も日常的なものになりました。

　多くの人々が混乱の中にあったこの時代ですが，特に大きな影響を受けたのが，聴覚障害のある学生たちでした。彼らの多くは，それまで大学の授業でノートテイクやパソコンノートテイク等といった支援を利用してきました。これは，授業で話される教員の話を手書きやパソコンの文字によって伝えるもので，多くの場合，学内で募った支援者によって行われます。けれども，多くの大学では，こうした支援をオンライン授業の中で実施する方法がわからず，支援の継続が不可能と判断される恐れがあったのです。しかし，この状況を一変させたのが，本章で紹介する**遠隔情報保障**という手段でした。

　遠隔情報保障というのは，通常，対面で行われている手話通訳や文字通訳等の情報保障を，インターネット等の回線を通して，離れた場所から行う支援形態のことを指します。ここでは，さまざまなシステムが活用されていますが，これらを総称して遠隔情報保障システムと呼ばれています。

　本章では，こうした遠隔情報保障について，特に大学の授業での活用に焦点を当てながら説明するとともに，この活用によってもたらされた世界と今後の展開について概観していきます。

（1）聴覚障害者と遠隔情報保障

　聴覚障害のある人たちは，多かれ少なかれ，音声で行われている会話にアク

セスしづらい／できないという困難を抱えています。こうした社会的障壁を解決するための手段として，周囲の情報を文字や手話に変えて伝達する文字通訳，手話通訳等の情報保障が用いられています。

　職場や病院，役場，学校等，さまざまな場面で活用されている情報保障ですが，早く正確にできるだけ多くの情報を伝えるためには，相応の技術が必要です。このため全国各地の自治体では，聴覚障害者の地域生活を支えるために，必要な人材を養成する講座や研修会を多数開講してきました。しかし，時代とともに聴覚障害者の生活は広がりを見せる一方で，現在のところ増え続けるニーズに人材の養成が追いついていない状況があります。特に，大学の授業のように，高度で専門的な知識や技術が求められる場面では，対応できる支援者が限られています。加えて，大学の授業は，週に10〜20コマと数が多いので，地域コミュニティで養成された支援者のみでは，とても対応しきれないのが現状です。

　このため，多くの大学では，必要に応じて地域の支援者の手も借りつつ，ボランティアで支援を担当してくれる学生（以下，支援学生）を募集し，主に文字通訳等の手法を指導して，授業に配置する体制をとっています。その結果，学生たちの多くが，高い支援技術を習得して，質の高い情報保障を提供してくれていますし，これがきっかけで支援の道に進む学生も生まれてきています。けれども，先述の通り，情報保障には相応の技術が必要なので，条件によっては，十分な技術をもった支援学生が揃わないこともあります。また，学生は4年間で卒業してしまうので，常に養成を続けなければいけません。さらに，一度，体制ができあがっても，聴覚障害学生の卒業とともに衰退し，次に支援が必要になったときには，またゼロから体制構築を進めなければいけないこともあります。このため，大学の支援担当者の中からは，近隣の大学どうしで連携し，支援者の不足を相互に補い合えるような体制がとれないものかと議論されてきました。しかし，支援学生にも授業があるので，なかなか別の大学に行って支援をする余裕はありません。また，1コマだけなら空いていても，移動時間を考えると2〜3コマの空き時間が必要となり，実現には多くのハードルがありました。

　一方，地域コミュニティの中にも，同様の問題はあります。例えば，地域の

中で求められる支援は非常に幅が広いので，内容によっては経験を有する支援者がいない分野もあり，他県からの応援が欲しい場面が存在します。近県の場合には，こうした連携ができることもありますが，それが北海道と沖縄のように離れた地域の場合には実現困難になりますし，仮に実現できたとしても，交通費や移動に伴う負担があり，頻繁に利用することは困難です。

　こうした問題の解決策のひとつとして，注目されてきたのが遠隔情報保障でした。「遠隔情報保障を活用すれば，今まで北海道で支援をしていた支援者が，次の瞬間，沖縄の利用者に支援を提供することもできるかもしれない」「活躍の場を失ったＡ大学の支援学生が，Ｂ大学の授業支援を担うこともできるはず」──そんな期待から，古くは1990年代後半から研究実践が積み重ねられてきたわけです。

　例えば，小林ら（1997）は，当時主流だったISDN回線を用いて，東京に拠点を置く文字通訳団体の支援者が，茨城県にある聴覚障害者のための大学（筑波技術大学）の支援を行うためのシステムを開発しています。また，地域コミュニティの中でも，「ラルゴ」という文字通訳団体が，全国の支援者に呼びかけ，インターネット回線を通じた文字通訳の実証実験を繰り返していました（パソコン要約筆記サークル「ラルゴ」，2009）。

　こうしたシステムは，その後，上述の筑波技術大学や（三好，2007など）ラルゴの流れをくむ日本遠隔コミュニケーション支援協会（栗田，2016）など，限定的な場で，日常的に活用されるまでの発展を遂げましたが，運用面での複雑さもあり，なかなか広く利用されるには至りませんでした。

　そのような遠隔情報保障が社会的に広く認知されるきっかけになったのは，2011年に発生した東日本大震災に伴う「東北地区大学支援プロジェクト（磯田・白澤，2012）」だったのではないかと思います。日本聴覚障害学生高等教育支援ネットワーク（PEPNet-Japan）の呼びかけで始まったこのプロジェクトは，被災地の大学の授業音声を，北海道や関東・関西など各地の支援学生のもとに送信し，リアルタイムに文字化して，現地の聴覚障害学生に届けたもので，1年間でのべ530名近くの学生が参加するなど，大きな社会的インパクトを与えました。

　こうした活動がきっかけで，先駆的に聴覚障害学生支援に取り組む大学の間

で遠隔情報保障が活用され始め，それがコロナ禍によって一気に全国に広まったわけです。

(2) 遠隔情報保障の実際

これまで遠隔情報保障の必要性と発展経緯について説明してきましたが，現在，利用されているシステムには，いくつかのものが存在します。

例えば手話通訳の場合，通信には，ZoomやGoogle meetなど，一般的なWeb会議用のソフトウェア等が利用されますが，よりスムーズに支援ができるように，さまざまな工夫が必要になります（加藤ら，2004など）。例えば，手話通訳では，利用者の表情を見ながら理解度を推し量ったり，手話を読み取って音声で伝えたりすることが必要です。このため，講師映像や資料とともに，利用者映像を常に大きくはっきりと映し出すための工夫が必要になりますし，手話通訳者側の手話を見やすく撮影するために，カメラや照明・背景等にも工夫が必要で，専用ブースを設置する例なども生まれてきています。

一方，文字通訳の場合は，入力した文字をリアルタイムにオンラインで共有できるようにしていく必要があるので，Zoom等のWeb会議システムのほかに，文字通訳のための専用システムが必要になります。対面授業の場合には，IPtalk（開発：栗田茂明氏）というソフトウェアが用いられていますが，オンライン上で同様の支援を可能にするシステムとして，T-TAC Caption（開発：筑波技術大学・三好茂樹氏）やcaptiOnline（開発：筑波技術大学・若月大輔氏）などのシステムがあります。これらは，いずれもWebブラウザ上で動作するシステムで，大学や団体等の単位で利用申請をすれば無償で利用することができます。申請後に得られるIDを使用してシステムに入室すると，同じIDで入ってきた支援者どうしの文字をリアルタイムに共有することができ，利用者も同様にこの文字を見ることができる形になっています。

(3) 遠隔情報保障の今後について

コロナ禍に伴い発展した遠隔情報保障ですが，この広がりは，情報保障その

ものの体制にも大きな影響を与えました。例えば，大学の中では，オンライン授業で幅広く活用されただけでなく，聴覚障害学生は対面で出席しているけれど，支援学生は感染防止のために自宅から支援を行うといったハイブリッド型の支援も行えるようになりましたし，その時間，大学に行けない支援学生や就職活動中の上級生，研究室に籠もっていて忙しい大学院生等が，今いる場所から積極的に支援に参加してくれるなど，幅広い人材の活用につながりました。また，地域の中では，県を超えて，さまざまな地域の手話通訳者がひとつのイベントの手話通訳を担うような場面も生まれ，まさに世界中どこにいても支援に参加できる「アドレスフリー」の状態がもたらされました。

　これは，人材確保の面で大きな可能性をもたらすものと考えられます。これまで，情報保障はニーズのある時間に，物理的に利用者と同じ場所にいられる人にしか担当ができませんでした。必然的に，支援者の枠は狭まり，同じ大学，同じ専攻の学生を中心に人材を募集する形をとらざるをえませんでした。しかし，遠隔情報保障によって，さまざまな場所から支援が行えるようになると，これまで眠っていた人材が輝き出すことになります。また，大学の枠にとらわれる必要もなくなり，他大学や地域で隠れた人材を発掘して，依頼していくことにもつながっていくことでしょう。このことは，支援者側にとっても，大きなチャンスといえます。自身の専門性を活かして，幅広く活躍の場が得られるわけで，支援者自身の自己実現にもつながっていくのではないでしょうか。例えば，昔，看護師として働いていたけれど，今は引退して家庭に入っておられるような方々に医療分野の支援をお願いするとか，専門分野で働いていてリタイアされた方々に支援に参加していただく等の可能性も生まれるわけで，社会全体にとっての大きなイノベーションにつながっていくものと思われます。

　また，こうした大学や地域の壁を越えた支援は，人材の養成にも影響を与えるものと考えられます。これまで，支援者の養成は，それぞれの大学や地域の責任で行うのが一般的でした。けれども，支援活動の場とともに，養成講座や勉強会もアドレスフリーになることで，全国各地の講座をオンラインで受講できるようになりますし，各地域の講師が連携しながら，カリキュラムを単元ごとに分担して講座を実施するなど，さまざまな形の養成が生まれてくるのではないかと思います。

　遠隔情報保障が開く世界，そこには多くの可能性が存在します。こうした可能性を見据えながら，より良い形の支援が広がっていくことを願っています。

（4）おわりに

　情報保障とは，「その場にいるすべての人が，同時に同量・同質の情報を共有することによって，その場の活動に参加できるよう保障する取り組み」ととらえることができます。ここには3つのポイントがあります。まず第1に，情報保障の対象は，「その場にいるすべての人」であって，決して障害のある人だけではないということです。コミュニケーションは双方向のものであり，どちらか一方のためのものではありません。支援者がいることで周りの人々の声が障害者本人に届き，かつ周りの人も障害者の声をきくことができる，そのための情報保障であることを再認識したいです。第2に，情報保障が目指しているのは，可能な限り「同時に同量・同質の情報を共有する」ことであって，後から伝えればよいとか，ポイントだけまとめて伝えるといった形では，情報保障として不十分であると言うことです。何が重要か，何を知るべきかは，本人が決めるものです。このためにも，同じ情報を共有できる状態を目指したいものです。それから，第3に情報保障のゴールは，決して情報を伝えることだけではなく，伝えた結果，その場にいるすべての人が「その場の活動に参加し，活躍できる」状態をつくっていくことにあるということです。一方向の支援のみに終わっていないか，また情報を伝えたうえでさらに参加の障壁になっているものはないか，常に検証していくことが必要と思われます。

　遠隔情報保障の発展は，きっと今後も情報保障のあり方に，多くの変化をもたらしていくことでしょう。けれども，ここで述べた情報保障の理念の実現のためには，遠隔情報保障やそれを直接的に利用する支援者のみでなく，その場にいる参加者全員の協力が不可欠です。より多くの人が，情報にアクセスでき，活躍できる社会をつくるために，あなたには何ができるか，今一度，考えてみてもらえればと思います。

〔白澤 麻弓〕

考えてみよう

1. 遠隔情報保障の登場で，支援や養成がアドレスフリーになったことで，今後，どのようなことが実現できるようになると思いますか？

2. その場にいるすべての人に，十分な情報が伝わるために，情報保障に携わる支援者以外の人々にできることは何でしょうか？

9 色彩変換技術と色覚多様性アクセシビリティ

(1) 色とは何でしょうか

　われわれが見ている世界には，たくさんの**色**が溢れています。そもそも色とは何でしょうか。光の波長の違いでしょうか。物体の表面の特性でしょうか。皆さんは，物理で，光をスペクトル（波長の関数として表したもの）にすると，色が連続的に変化する虹の色が現れ，色の違いが波長の違いであると習ったかもしれません。また，色は物体と共に外に存在するものとして思い込んでいるかもしれません。しかし，「光には色はついていない」という，かの有名なイギリスの物理学者であるアイザック・ニュートンの言葉があります。さらに，同じ頃，これも有名なイギリスの哲学者ジョン・ロックは，色は物理的に直接アクセスすることができない二次性質であると言及しています。これらの言葉が意味することは，色は外界にはなく，脳の中にしかないということです。

　光には色はついていないといっても，もちろん，光と色は無関係ではありません。色は，専門用語で言うと，眼に入った光によって脳の中で生み出された知覚表象のひとつです。知覚表象というのは，感覚器からの入力をもとに脳内で創発されたものを指し，そして，この色という知覚表象を創発する眼と脳がもつ仕組みのことを**色覚**といいます。眼に入ってきた光は，眼球の内壁にある網膜に到達し，網膜の奥の層にある視細胞にて吸収されます。吸収された光は，神経の電気信号に変換されて，網膜でコントラスト情報として処理され，脳に伝わります。この際，どの視細胞が光を吸収するのか，そして，どのくらい吸収するのかが，脳の中で色をつくり出すもととなります。

　視細胞は，明所で働く**錐体**と暗所で働く**桿体**に，大きく分けられます。色知覚には，明所で働く錐体が貢献しています。実際に，われわれは，ある程度の

光強度がないと明暗だけで色みを知覚できません。錐体には，一般に，およそ570nm付近に感度ピークをもつL錐体，543nm付近に感度ピークをもつM錐体，そして，442nm付近に感度ピークをもつS錐体の3種類があります。これらは，高校の生物の教科書では，それぞれ，赤錐体細胞，緑錐体細胞，青錐体細胞と呼ばれていますが，赤錐体細胞と呼ばれるL錐体が応答したからといって，赤の知覚が生じるわけではなく，1つの錐体の反応だけを見て，どのような色が知覚されるのかは判断できません。どのような色が見えるのかは，これら3種類の錐体の応答を比較する必要があります。網膜では，3種類の錐体の応答は，赤－緑，黄－青，そして，白－黒（明暗）の反対色と呼ばれる情報に変換され，それらが脳で一緒になり，さらに，照明条件や周囲等の観察環境等によって調整され，最終的な知覚表象としての色が知覚されるのです。

　色知覚を考えるうえで最も重要なことの1つは，色知覚は個人的な体験であることです。人は誰しも自分が見ている色しか知らないのです。例えば，自分の「赤」は自分の頭の中にしかなく，他人の「赤」はその人の頭の中にしかないものですから，それらが同じ色なのかどうかを確かめることはできません。しかし，そう言われても，色はあまりにもリアルすぎるほどに外の世界に存在しているし，色の名前は問題なく通じるし，同じ色を見ているに違いないと反論する人もいるだろうと思います。この反論はあながち間違ってはいないようにもみえます。なぜなら，多くの傍証に基づき，大方の人の色知覚は多かれ少なかれ，同じような特性をもっているものとして色彩科学が発展してきたのですから。ただ，異なる色の見え方をする人が存在するということも明らかになっています。すなわち，色覚は多様なのです。

（2）色覚の多様性

　大方の人の色覚特性は，L，M，Sという3種類の錐体に基づく色覚であるため，3色覚と呼ばれています。これに対して，この3色覚とは違った色覚は，医学用語で**色覚異常**（color deficiency）と呼ばれています。錐体の視物質の遺伝子が異なる先天性のものと，網膜や視神経，脳などの疾患による後天性のものに分けることができます。主な「色覚異常」の特徴として，見分けられない，あ

表1 色覚特性の分類

		視細胞の種類			
		錐体			桿体
		L 錐体	M 錐体	S 錐体	
すべての種類の視細胞を保持		3 色覚 Trichromacy			
色覚異常	いずれかの種類の視細胞の感度ピークのずれ	異常 3 色覚 Anomalous Trichromacy			
		1 型 3 色覚 Protanomalous	2 型 3 色覚 Deuteranomalous	3 型 3 色覚 Tritanomalous	
	いずれかの種類の視細胞を欠損	2 色覚 Dichromacy			
		1 型 2 色覚 Protanopia	2 型 2 色覚 Deuteranopia	3 型 2 色覚 Tritanopia	
	いずれかの種類の視細胞を保持	1 色覚 Monochromacy			
		錐体 1 色覚 Cone Monochromacy			桿体 1 色覚 Rod Monochromacy
		L 錐体 1 色覚 L-cone Monochromacy	M 錐体 1 色覚 M-cone Monochromacy	S 錐体 1 色覚 S-cone Monochromacy	

存在や頻度にかかわらず，考えられる色覚特性を列挙している。

るいは見分けづらい色の組合せが存在します。後天性の場合，徐々にゆっくり進む加齢性白内障の場合を除き，色の見えの変化を少なからず自覚することができますが，先天性の場合，前述したように，誰もが自分の色の見えしか知りませんので，検査するか，あるいは，色の扱いやコミュニケーションの中でしか「色覚異常」に気づくことができません。

表1に先天的な色覚特性をまとめています（太田・清水，1999）。3種類の錐体を保持しているが，そのうちの1種類の錐体のピーク感度がずれている場合は異常3色覚，2種類の錐体に基づく色覚は2色覚，1種類の錐体に基づく色覚は1色覚と呼ばれています。また，異常3色覚と2色覚の分類では，L，M，Sのうち，どの錐体の特性が異なるかによって，さらに，1型色覚，2型色覚，3型色覚と分類されます。日本では，およそ男性の5%，女性の0.2%の人が「色覚異常」に分類されている特性をもつと言われ，このほとんどが1型色覚と2型色覚で，3型色覚や1色覚は稀とされています。また，異常3色覚では，3色覚に近い特性をもつ人もいれば，2色覚に近い人もいて，これらの間にスペク

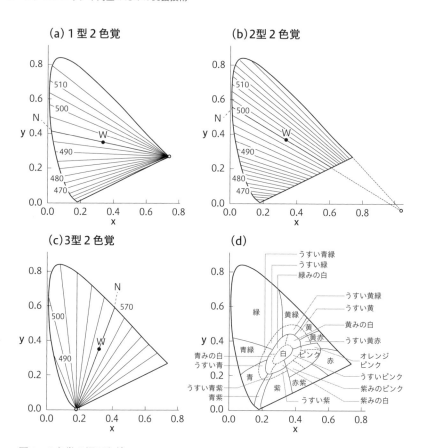

図1　2色覚の混同色線

（a）1型2色覚の混同色線，（b）2型2色覚の混同色線，（c）3型2色覚の混同色線，（d）色度図上での大まかな色光の色名（JIS Z 8110）混同色線中心は，いくつかの研究グループによって求められており，ここでは，Pitt（1935）の混同色中心を用いている。Nは中性点（無彩色）を示す。

（a）（b）太田・清水（1999）p.81 図16-7，（c）太田・清水（1999）p.84 図16-9，（d）JIS Z 8110 参考付図1をそれぞれトレースして作成。

トル状に存在します。そのため，「色覚正常」も含め，どこから「正常」で，どこから「異常」となるのか，簡単に分けられるものではないとも言われています（川端，2020）。

　「色覚異常」において，見分けられない，または，見分けづらい色の組合せは**混同色**と呼ばれ，先天性の場合，1型色覚，2型色覚，あるいは3型色覚によって，その色の組合せは変わってきます。図1に，CIE 1931xy色度図という

色を表す図にて，各型の混同色を示します（太田・清水，1999）。この図では，明度以外の色相と彩度が表されています。そして，どれも，混同色中心と呼ばれるある一点から放射状に線が引かれており，この線を**混同色線**といいます。線が引かれていないところでも，混同色中心から線を引くことが可能で，明度が等しければ，同一の混同色線上の色が混同色となり，2色覚には見分けづらい色の組合せとなります。ただし，この明度が等しければという条件も，その人にとっての明度であり，色覚特性が異なれば，多かれ少なかれ，知覚する明度も異なってきます。例えば，1型色覚では，赤系統が3色覚よりも暗く見える傾向がありますので，注意が必要となります。この図はかなり専門的になりますので，簡単かつ大雑把にいえば，1型色覚や2型色覚では，緑，黄緑，オレンジ，茶色，赤を，青と紫を，そして，ピンク，灰色，水色を混同する場合があります。また，色サンプルを伴わない色名だけの指示も，混同を招く場合がありますので，できるだけ避けるべきです。

(3) 色覚多様性アクセシビリティ

　デジタル技術全盛期の現在，パソコンで誰でも簡単に視覚表示物をデザインできるようになりました。視覚表示物のデザインにおいて色彩の役割は大きく，色彩には，印象や感情など人間の心理面に影響を及ぼす感性的役割と，文字や図形を色彩の違いによって定義し，その情報を伝達する機能的役割とがあります。

　色彩デザインの機能的役割である情報伝達は，色覚に多様性があることから，すべての人に同じように機能するとは限りません。もし，視覚表示物に混同色が使われていたら，「色覚異常」をもつ人を情報弱者にしてしまう怖れがあります。それを避けるためには，配色に混同色となる色を使用しないことが必要になります。そのような色彩デザイン手法を**カラーバリアフリーデザイン**，あるいは**カラーユニバーサルデザイン**といいます。

　では，混同色をしないためには，どうしたらよいのでしょうか。それには，大きく分けて2つの方法があります（その他に，機械学習やファジィ理論を用いた配色法もありますが，色彩科学以外の専門的知識が必要となるため，ここで

は割愛します）。1つは，2色覚がどのような色を見ているのかを知って，その見えを参照しながら配色を決める方法です。本来，2色覚がどのような色を見ているのか，確かめることはできないのですが，特殊な色覚特性をもつ人の研究結果を参考に，2色覚の色の見えが推定されています。それは，2色覚の特性の左眼と3色覚の特性の右眼をもつ人についての研究です（Graham & Hsia, 1958）。この実験参加者は，ひとりの人間の中で，2色覚の色の見えと3色覚の色の見えを比較することができるのですから，この結果は，少なくとも，2色覚の色の見えを知るための手がかりとなります。

　この知見に基づき提案されたのが2色覚の色の見えシミュレーションです（Brettel et al., 1997）。現在，最も浸透している2色覚シミュレーションはBrettelら（1997）によるもので，その基本アルゴリズムは，Vischeck（Dougherty & Wade, 2000）や色のシミュレータ（浅田，2010），Adobe Color（Illustrator, Photoshopを含む）などに採用されています。この2色覚シミュレーションでは，1型2色覚および2型2色覚の混同色は，それぞれの混同色線に沿って黄青－明度平面に射影され，同じ色として再現されるため，オリジナル画像とシミュレーション画像とを比較すれば，混同色があるかどうか，または，使われているかどうかが容易にわかります（http://asada.website/cvsimulator/j/about.html）。さらに，ハードウェアとして，ゴーグル型の色弱模擬フィルタも開発されています（宮澤ら，2008）。もし，視覚表示物に混同色となる色の組合せがあれば，いずれかの色を変えなければなりません。この際，色彩科学や図1の混同色に関する知識をもち合わせていなければ，多少なりとも試行錯誤を要することになります。ただ，2色覚の色の見えシミュレーションは，2色覚の色の見え方ではなく，色の見分けにくさだけしか表していないという批判が残っています。

　もう1つの方法は，あらかじめ，どの組合せも混同色とはならないことが確認されている色パレットを用意し，このパレットの中から色を選んで，配色していく方法です。この代表例として，カラーユニバーサルデザイン推奨配色セットver.4（2018）があります（https://jfly.uni-koeln.de/colorset/CUD_color_set_GuideBook_2018_for_print_cs4.pdf）。この色パレットは，9色の高彩度のアクセントカラー，7色の高明度・低彩度のベースカラー，そして，4色の無彩色の

計20色から構成されています。この色パレットを使えば，色彩科学に関する専門知識は不要となりますが，代わりに色選択の自由度に物足りなさを感じる人がいるかもしれません。

　これら2つの方法には，それぞれ一長一短がありますが，佐藤（2005；2010）は，これらの方法のいい所取りをし，最初に，2色覚向けに，2色覚が見分けられる配色のデザインから始め，その後，3色覚向けに，混同色の間で色を変更し，配色を決める方法を提案しています。この方法の鍵となる考え方は，3色覚向けへの色の変更が混同色間に限定されるため，2色覚にとっては，最初の2色覚向け配色が保持されるということです。よって，2色覚シミュレーションによる確認を必要としません。しかし，稀な3型色覚を対象から外し，1型色覚と2型色覚に限定したとしても，これらの混同色線が異なることから，この方法を厳密に適用しようとすると，1型色覚か2型色覚のどちらにしか対応できません。同時に，両者に対応するには，何らかの妥協が必要となります。そこで，須長ら（2018）やYoshitakeら（2019）は，2色覚が見分けられる青黄－明度平面の2色覚向け配色から3色覚向けへの色変更の際，青黄－明度平面での「明るい紫みの青」や「くすんだ黄」などという修飾語を伴う系統色名が，2色覚にとって変わらない範囲内であれば，最初の配色からの色のずれを許容することとし，混同色の違いの問題を解決する方法を提案しています（https://www.jstage.jst.go.jp/article/jcsaj/42/5/42_209/_pdf/-char/ja）。さらに，この方法を実践するための色見本を作成し，実用化を試みています。この手法によって制作したのが九州大学伊都キャンパス案内図です（羽野ら，2021；https://www.kyushu-u.ac.jp/f/41500/20_11_30_2.pdf）。今後，色票による色見本だけではなく，タブレット等で手軽に使えるデジタル色見本等も開発され，社会へのカラーユニバーサルデザインのさらなる普及が期待されます。

　「色覚異常」の場合，情報アクセシビリティにおける他の障害と違って，やや特異な面があります。「色覚異常」の特徴として，「見分けにくい色がある」ということを述べましたが，「多数派の人とは違う色に見える色がある」とも言えます。決して，ものや色が見えていないわけではありません。視覚障害の場合，「見えない」や「見にくい」，聴覚障害であれば，「聴こえない」や「聴こえにくい」となり，そこでの情報提供の保障として，視覚障害の場合は音声で，聴覚

障害の場合は視覚で，というように他の手段により情報を伝達することが行われています。「色覚異常」に対し，色による情報伝達にこだわらずに，視覚障害や聴覚障害に対する情報提供の保証と同じアナロジーの手段を考えるならば，ハッチングの付与や線種を変えるなどの色彩以外の視覚情報を用いることが，これに相当することになります。もちろん，このような方法も色覚特性に依存しない有効な情報伝達手段です。

(4) 色覚多様性を包摂する社会へ

　「色覚異常」に関わる問題は，情報伝達に関するアクセシビリティの問題だけには留まりません。1980 年代から，進学や就職の制限等による差別問題として議論が起きています。議論の末のひとつの結果として，2003 年，色覚検査の義務化が中止になりました（2016 年に希望者を対象に検査が再開）。この中止は，色覚検査のあり方を見直すには，よい機会になったと考えられますが，これで，すべての問題が解決したわけではありませんし，また，新たな問題も生じたとも言われています（中村，2012）。

　現在でも，いくつかのNPO法人や団体が色覚問題に取り組んでいます。このような取り組みから，より良い解決方法を見出すためにも，色覚多様性に関する科学的な研究は不可欠です。例えば，「色覚異常」と聞くと，ネガティブな印象を受けますが，「色覚異常」をもつ人の方が優位となるような視環境や視覚課題があることも報告されています（須長ら，2017）。そもそも，なぜ色覚が多様なのか，まだ，明らかになっていないことが多くあり，もっと深く検討せねばなりません。何はともあれ，色彩は主観的な感覚であり，一人ひとりの脳の中にしか存在しないこと，そして，その色彩を創発するメカニズムである色覚には多様性があること，この 2 つのことを社会の共通認識として広めていくことが色覚の多様性を包摂する社会づくりの土台となるでしょう。つまり，目指すはカラーバリアフリーを超えた色覚バリアフリーです。このことは，色覚差別の議論が始まってから，ずっと言われ続けていることでもあります（城・玉井，1994；高柳，1998；川端，2020）。

〔須長 正治〕

＼ **考えてみよう** ／

1. ジョン・ロックが言及した二次性質には，色彩の他に何があるのか考えてみてください。さらに，その感覚の障害との関係や「色覚異常」との相違点についても考察してみてください。

2. 視覚特別支援学校でも，色彩を学習する取り組みがなされています（「地域の色・自分の色」実行委員会，2019）。その意義や学習法について考察してみてください。

ICTとアクセシビリティ

　本章では，障害者に対するアクセシビリティ向上のための支援技術としての「情報通信技術（**ICT**）」の現状や役割，これからの方向性を概観し，結果として「ICTが社会的イノベーションの実現を加速する」ことを目指します。つまり，ICTそのものの開発を紐解く内容ではなく，ICT技術者やICTを利用する関係者がいかに有効にICTを利用することができるかに焦点を当てています。

（1）ICTの進化

　ICTの進化の過程においては，「通信」に「情報処理」の機能が融合した時点，つまりコンピュータが一般に利用されるようになった1980年代をICTのスタートと考えることができます。特にコンピュータが一般の生活に普及した時期，つまりパーソナルコンピュータ（PC）の出現が重要なポイントとなります。

　1970年代までのデスクワークは，電卓（そろばん）と紙と筆記用具，そして黒電話に代表される設置型有線電話（複数人利用）で成り立っていました。机の上では，リアルな対象物に対してリアルな行動（感覚）で仕事をすることができました。そうしたデスクワークを作業の視点で見たとき，手書き（またはタイプライタ）作成された文書は，文書ファイル帳に紙で保存されていました。PCの普及に先行したワードプロセッサ（ワープロ）の出現で，入力はキーボードに，紙は電子情報（フロッピー）に替わりました。それは「手作業の電子化」という作業の大きな変換点でした。

　さらに，ワープロに数値処理の機能（ソフトウェア）がついたコンピュータが1人1台で使えるようになり，PCとしてデスクワークの標準のワークツールとなり，さらにスマートフォンの出現で，インターフェースとしても通信（電話）とPCは一体化しました。あわせて社会のさまざまな作業やビジネスがコ

ンピュータで実行されるようになりました。そ
の1980年代から2000年頃までを「コンピュー
タ・セントリック＝ICT1.0」，さらに情報と通
信が融合して「Webのネットワーク」が普及
した2000年代以降を「ネットワーク・セント
リック＝ICT2.0」と定義しています。この時
代は情報を伝えるツールが郵便やFAXなどの
手段から「電子メール」を用いたオンライン
へと置き替わりました。

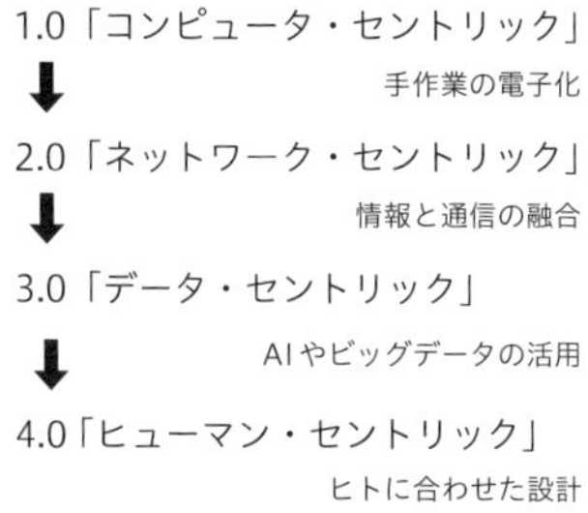

1.0「コンピュータ・セントリック」
↓　　　　　　　手作業の電子化
2.0「ネットワーク・セントリック」
↓　　　　　　　情報と通信の融合
3.0「データ・セントリック」
↓　　　　　　　AIやビッグデータの活用
4.0「ヒューマン・セントリック」
　　　　　　　ヒトに合わせた設計

図1　ICT（情報通信技術）の進化

　こうした物理的な行動は「ネットワーク」を利用することで飛躍的な活動機
会を増やすことになり，基本的には画面上で作業が遂行できるようになりまし
た。そこで，新たな課題として「デジタル・ディバイド」つまり「高齢者や障
害者がデジタル技術を使えないことによる不都合」を解消するという大きな社
会課題が顕在化し，国（総理府）からも努力目標として宣言されました。

　そしてセンサー類の進化や普及，さらにアルゴリズム技術の進化により，さ
まざまな事象がデータに変換され，ネットワークの上で機能することとなり
「データ・セントリック＝ICT3.0」の時代になります。つまりすべての物体や
身体情報がインターネット上でつながる（Inter-net of Things/Body：IoT/IoB）
ことになり，概ねすべての事象がデータに置き換えられ，ビッグデータとして
集積されます。さらに，人工知能（AI）によって，人間同様の行動をコンピュー
タにプログラミングできるようになりました。そして「ロボット」という数値
で制御された自律的に動く効率的なマシンが出現し，人間が果たしていた機能
の積極的な代替えが実現しました。

　こうしたICTの進化により，さまざまな障害が克服されることになると同時
に，人類の存在の意味が問われる倫理観や哲学等が自主的に評価されることに
なっていく時代「ヒューマン・セントリック＝ICT4.0」に突入しました（図1）。

　人は何を可能にし，何に支援されるのか，技術の可能性と適用の有効性との
バランスが重要となります。

(2) 社会・身体性の変化とアクセシビリティ

　社会の成立基盤でみると，「Society1.0 ＝狩猟社会」「Society2.0 ＝農耕社会」「Society3.0 ＝工業社会」そしてICTが普及した 1990 年代以降の社会変化は「Society4.0 ＝情報社会」と定義されています。情報化時代の今日，ICTは，障害に対して補うまたはそれ以上の夢（可能性）を与える役目を果たす技術として機能することで，さまざまな社会課題の解決や障害者の社会参加を可能にしています。さらに，社会変革やイノベーションを加速する重要な技術として，次の社会「Society5.0 ＝新たな経済社会」に向けた展開が期待されています。

　また，機器やシステムを考える場合，それを使う人を十分に理解し，使いやすいカタチや仕組みで提供することが必要になります。人と社会をつなぐ機器やシステムの開発にあたって，鍵となる概念が身体性とアクセシビリティです。

　人間を身体としての物理的な対象から，モノや空間との関係性，さらには社会性，そして精神性への対象としてとらえると，アクセシビリティの観点による身体性概念の変化は，以下の流れで記述できます。まず，人の特性やサイズを理解する「エルゴノミクス（人間工学）＝身体性 1.0」，機器や情報，空間や街のつくりや構造に対して使いやすい，アプローチのしやすさを理解し明確にする「バリアフリー，アクセシビリティ＝身体性 2.0」そして，最初からなるべく多くの人が使えるように考える「ユニバーサルデザイン＝身体性 3.0」，さらに年齢や性別，障害の有無，国や文化等の違いを多様性としてとらえ，一人ひとりを尊重する「インクルージョン（ダイバーシティ）＝身体性 4.0」です。

　「身体性 4.0」におけるICT開発のダイバーシティ（diversity）は「人材の多様性を認める考え方」であり，インクルージョン（inclusion）は「個々のメンバー（従業員等）を活かす考え方」です。双方の概念（D & I）を機能させることで，例えば企業の採用や人材活用においては，優秀な人材の確保，生産性の向上，離職率の低下，業績の向上等の施策を実施することに関わります。そして，そうした考え方を実行，継続することは，メンバー（例えば従業員）の心理的安全性の確保と，経営の質の向上や健全性につながっていき，イノベーションの加速を担うことになります。つまり，経営効果が顕在化し，多くのステー

クホルダーが好感をもつというプラススパイラルが生まれます。これは，誰一人取り残さないという「SDGs」の考え方にもつながります。

さらに現在では，D＆Iに「衡平性（公平性）」(equity)を加えた**DE＆I**という考え方が一般的になりつつあります。「社会構造の不均衡がある中では，すべての人に同じ支援を行っても不均衡はそのまま持続する」ことから，各個人のスタート地点に着目する考え方です。

(3) ICTの活動領域

ICTはさまざまな活動領域が対象です。そして，それぞれの活動領域にさまざまな障害をもつユーザーが存在します。

企業の活動領域には，大きく3つの領域「製品，サービス」「プレイス」「スタイル」があります。「製品，サービス」は，主に「ハードウェア」「ソフトウェア」「ウェブ」に分けることができます。「プレイス」は，いわゆる「場」です。オフィスや工場やショールーム等の「施設」と，さまざまな活動における「設備」に分けられます。「スタイル」は，雇用や労働，採用等の「就業」と，社員の意識や活動等の「行動・マインド」です。

さらに，それぞれの活動領域について，詳細で多岐にわたる項目があります。例えば「ハードウェア」の項目は，「設計思想」「ハードウェア（そのもの）」「ユーザーインターフェース」「マニュアル」「カタログ，ウェブ，宣伝」「サポート窓口」等です。

そうした3つの活動領域を支える企業文化や経営方針（「教育・啓発」「制度」「ノウハウ蓄積，標準化」「社会貢献活動」）を一人ひとりの社員が実践することで，お客様に対してユニバーサルデザイン理念に基づくトータルソリューションの提供が可能になります（図2）。

とはいえ，それらのあらゆる活動領域を実現し，その各領域を横軸でシームレスにつなぐことはとても技術的に困難です。またさまざまな障害をもつユーザーに完璧に対応することは，経済的にも困難といえます。大切なことは，当事者がシームレスでわかりやすいサービスを受けることが可能になるように全体設計がされることです。全体像が見えればお客様からの信頼感（ブランド）

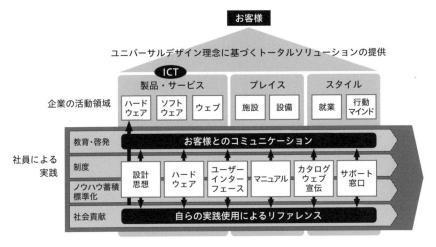

図2 ICTによるユニバーサルデザインの活動領域
富士通の自部門で以前作成した図を一部改変

が高まります。

(4) デジタルアクセシビリティの展開

　締めくくりに，メタバースのようにバーチャルなインターフェースとして，ICTと人間の関わりがさらに重要になり，多くの可能性と課題を抱えることになると思われる**デジタルアクセシビリティ**について，「2022年度第1回インクルーシブ・テーマトーク（incl-design net主催）」イベントでの関根千佳氏の講演や参加者の意見交換などから得られた情報をもとに，現状と方向性を概観します。

1) すべてが「デジタルアクセシビリティ」

　「映画」「書籍」「e-learning」等さまざまな視覚的サービスすべてが「デジタルアクセシビリティ」の支援対象としてまとめられます。例えば「TV」も「デジタルアクセシビリティ」に一体化されます。そして，個別のサービスはユニバーサルサービス化（障害者対応）していきます。この流れは直接操作するさまざまな装置にも適用されます。アメリカでは「KIOSK端末」と呼ばれている

「ICTで操作するすべての販売機や端末が対象」になります。

　日本では「銀行や郵便局のATM」や「自治体の住民票自動発行機」は障害者対応が普及していますが，例えば，新型コロナ禍で一気に浸透した店頭の自動接客可能な装置（自動機）には，企業ごとに装置の形態やインターフェースが異なっており，音声対応や点字インターフェース等に十分な対応がなされていないのが現状です。

　それはアメリカでも同じ事情で，さまざまな業態や業者によってインターフェースがそれぞれに開発されている自動機の対応については「ジャック接続デバイス」の採用が推奨されています。そうすることで，それぞれの障害の状況（各個人の特性）に応じた対応が可能となり，装置本体の設計コストも抑えることができます。

　その他「音声と点字が一体化されたデバイス」や，今後，利用ニーズが増えていくであろう「ゲーム系」システムについては，スマホの裏面に「QWERTYキーボード」を実装することなどが提示されています。

　これからの方向性としては「XR」（現実社会には存在しないものや情報を，表現・体験できる技術の総称）により，新たな体験や障害克服等さまざまな課題解決ができるようにすることが求められています。さらに，生活やビジネスへの適用領域としてネット上のインフラ（仮想通貨やデジタルアートNFT等）となる仕組みについても対応が求められています。

2）トップの「リーダーシップ」が問われる

　インクルーシブ・テーマトークイベントでは，経営や運営に関わるすべての関係者や当事者に対しては，「すべての人に『最高のアクセシビリティ』を届ける」ことが参加者へのメッセージとして発せられました。

　あわせて報告された経営者への「障害者雇用の経営インパクト」では，障害者を雇用することにより「組織のモチベーションが上がる」「企業本業の収益率が増加する」「イノベーションの源泉となる」ことが確認され，結果として，障害をもつ人の好待遇での採用につながっている現状が報告されていました。

3）公平なAI

　AIの利用はICTの支援技術としてますます重要視されています。障害者本人が本来もっている能力はもちろん，支援が必要な生活機能も，AIが機能することで補われ，新たな便利な世界が障害をもつ人々に実現することが引き続き期待されています。

　ただし，AIへの過度な信頼はさまざまな不合理を生むことが指摘されています。例えば「肢体不自由な障害者の動き」を「挙動不審者の動き」と認知するケースが発生しているとのことで，改善策が取られています。つまり，AIのもつ深層学習の機能を活用し，AIの利点を活用しつつ，デメリットと思われる場面では改良と共存が必要になります。

　対応事例として，人材採用の場面では，障害に対応する面接官のスキルの違いを克服するために，AIアバターが面接を担当することで，人為的差異が生じない配慮も重要との方向が示されています。

4）メディアと障害者

　今回のカンファレンスには障害当事者が登録者として参加され，障害者ご本人の写真データベース登録も自主的に進んでいるようです。発表や説明の場面でも，全体的に障害者が自ら参加，登壇するセッションが増加したり，「障害者は障害者本人が演じる」という考え方のもとに，メディアでは当事者がCMに直接参加（出演）する事例が増加しています。

（5）まとめ

　一般的に「アクセシビリティ」は障害のある少数者が対象であると言われていますが，歴史を紐解くと，多くのイノベーションを生んでいることに気がつきます。例えば1800年代，グラハム・ベルが電話機を発明したきっかけは，家族に視覚障害者がいたことだそうで，家族とコミュニケーションを取りたくて信号技術の研究をしたとのことです。今の技術である「音声変換」や「音声合成」も，元々は視覚障害者へのアクセシビリティのニーズによって育てられたと言われています。AIの時代に日本からダイバーシティを活かしたイノベー

ションが起こせないか，という視点で，日本の活躍を期待したいと思います。

　そのためには，新たな科学技術を社会実装したときにどんな変化があるのか，今の社会を未来の社会に変えていくために今の自分に何ができるかを考えることが重要です。そして，施策を考えたときに，どんな制度がバリアになり，どんなインフラが必要になるのか，大きな視点で考えることも重要になります。

　産官学民参加の大きな枠組みに，多くの関係者を巻き込み，課題を共有し，解決策を探していくことを目指してアクションを起こしていくことを期待しています。

〔加藤 公敬〕

＼＼ **考えてみよう** ／／

1. 「アクセシビリティ」について，身の回りの事象から「思いやる（見たことのある行動）」「問題を発見する（感じた課題）」「解決策を考える（こうすれば解決しそうだ）」を文章化してみてください。

2. 1で見えてきた解決策を「ICT のどういった技術」で解決できそうか考えてください。既存の技術でも，仮想の技術でもかまいません。

11 AI・IoT技術とアクセシビリティ

（1）対象となる障害種や困難さについて

　国内には400万人を超える身体障害者が在宅で生活しており，そのうち200万人程度が車いす利用者であるといわれています。これは，日本の人口の約1.6%であることから，200人に3人は車いすの利用者であると推測されます。また，「2025年問題」といわれる団塊の世代が後期高齢者となる時代においては，高齢者の移動困難性が顕在化することが推測されています。移動困難者の自立した外出には，公共交通機関の活用が必然となりますが，都市工学等の分野では公共交通機関の利用に対するバリアとして**乗継抵抗**が存在するとされています。乗継抵抗は，駅やバス停等，公共交通機関への乗降，乗り換え等「交通結節点」と呼ばれる地点で発生します。「交通結節点」における心理的要因の低減（「あんしん」の担保）と，身体的（物理的）要因の低減（「あんぜん」の担保）は，乗継抵抗を減じて移動困難者と社会とのインタラクションを活性化させるたいへん重要な要素となります。

　九州大学持続的共進化地域創成拠点（以下，九大COI）では「都市空間における見守りサービスの構築と実証」の取り組みとして，交通事業者および施設管理者等からヒアリングした結果を反映したAIカメラによる移動困難者の検知の仕組みを構築し，あんしん・あんぜんな移動サービスをサポートする仕組みの社会実装を目指しました。本実証実験の場であるJR九大学研都市駅周辺は，福岡市内19か所の「バリアフリー重点整備地域」に選定されています。その選定理由は，乗降客数5,000名以上（2021年度7,302名）であることと，車いす利用者が多く利用する施設が隣接することです。

　このように，特に利用客が多い駅周辺のハード面の整備が進む一方，今後は

移動困難者の心理的乗継抵抗を低減させる「ソフト面の整備」が重要となります。すなわち，移動困難者が移動可能な交通結節点には必ず混雑が発生する状況であり，移動困難者への混雑回避のための情報提供や交通事業者による効率的な乗車支援を支える交通事業者間連携によるデータ連携機構の実装が必要不可欠です。本章では，九大COIが実施したAI・IoT技術を活用した移動困難者の乗継抵抗の低減の取り組みを紹介します。

(2) 支援技術の概要

交通結節点において，移動困難者の検知と交通事業者とのシームレスな連携を実現する見守りサービスと，結節点の安心度を可視化するシステムの社会実装モデル（図1）を構築しました。具体的には，鉄道とバスターミナルが隣接する駅前の公共空間において，バスへの乗り継ぎをしたい移動困難者（車いす，ベビーカー，白杖等）をAIカメラで検知し，その情報をリアルタイムに担当交通事業者のスマートフォンに通知する仕組みを開発しました。ここで重要なのは，移動困難者のバス停への到来が，交通事業者に事前にわかることです。交通事業者は，少ないリソースで，移動困難者を含むすべての利用者に対して，スムーズな乗継支援を実施したいという思いがあります。そのため，担当の交通事業者に移動困難者の検知情報をリアルタイムで通知し，乗車サポートに活用する仕組みの構築を目指しました。

JR九大学研都市駅前における移動困難者の検知の実証実験空間（図2）にお

センシング技術による　　　担当者が乗り場で待機　　　乗車サポート
移動困難者（車いす，　　　ノンステップバスの配車
カート，白杖）の検知

交通事業者に通知

図1　見守り・移動支援サービスの社会実装モデル

図2　実証実験空間

いて，検知情報を交通事業者にリアルタイムで通知する仕組みを実装し，移動困難者の検知精度を向上させるべく各種調整の実証実験を実施しました。屋外公共空間での移動困難者の検知機構は，九大COIの参画企業のもつ製品版のソリューション（空港，駅構内等の屋内での採用実績多数）を屋外用にカスタマイズして実装しています。検知の通知は，JSON形式に整形された検知情報を，九大COIが開発したデータ連携基盤を介して，検知情報として事業者のスマートフォンに送信されます。本システムを用いた通知実験では，データ送信が移動困難者の検知から1秒〜2秒程度で完了することを確認しました。これにより，移動困難者の「身体的／心理的乗り継ぎ抵抗」を抑制することが期待されます。

　国内では，公共空間にカメラを設置すること自体がタブー視されており，屋外の実公共空間に16台ものカメラを設置した事例は全国的にも珍しく，一般的には，個人情報やプライバシーの問題で実施が難しいケースが多いです。九大COIでは，2018年より，参画機関であるバス事業者の協力を得て準公共空間へのカメラ設置を実現しました。2019年以降，九大COI参画機関および福岡市が協働して計画の詳細について関係各所（鉄道事業者，警察，自治協議会等）に丁寧な説明を実施し，およそ2年を経て公共空間でのカメラを活用した見守りサービスに関する関係各所および近隣住人の合意形成に成功しました。なお，撮影対象者のプライバシーに配慮し，本実証で取得する画像データは，処理後速やかに削除しており，ハードディスクへの蓄積やサーバ等への送信はしていま

せん。カメラで撮影していることについて，現地に張り紙をし，プライバシーポリシーのWebサイトの情報とともに掲示しています。

　また，コロナ禍への対応として，移動困難者の移動支援サービスを支えるデータ連携基盤上で，AIカメラにより計測されるバス停混雑度情報の提供を開始しています。対象バスの目的地でもある九州大学伊都キャンパスは日本最大級の面積を誇り，教職員・学生合わせて2万人以上が在籍しています。コロナ禍以前は職員の46%，学生の23%がバスで通勤・通学をしており，朝や夕方の特定の時間帯ではバスが非常に混雑します。密を避け，感染拡大を回避するためにはバス利用者が自主的な時差通学や時差通勤をする必要がある状況が続いています。バスの混雑状況は天候やイベント等により日々変化しています。そこで九州大学では，複数の混雑度センサを用いてバス停の混雑度を可視化することで，混雑を避ける行動を取りやすくするためのシステムitocon（いとこん）を開発し，キャンパス構成員向けにリリースしています。今後は，このように同じデータ連携基盤上に副次的なサービスを複数実装することが，持続的なサービス構築には必要になると思われます。

(3) 当該支援技術の今後の発展について

　JR九大学研都市駅前における車いす利用者の乗車支援サービスについては，バス事業者と福岡市の公益財団法人を中心に持続的なサービスとして定着を目指していきます。現在，本実証実験を通じて得られた制度と技術の課題に対して，その対策を進めているところです。具体的には，現状，公共空間におけるAIカメラの設置条件（道路占用許可）として，画像は処理後に即削除が大前提であり，防犯カメラとしての機能をもたせることができません。今後は，公共空間においてもAI防犯カメラを設置するためのガイドライン等の作成を視野に活動していきます。また，公共空間において車いす等の移動困難者を精度良く検知するためには，AIモデルをその場所に応じて再学習させる必要があることがわかっています。そこで，車いす等の移動困難者に関する訓練画像セットを構築し，検知精度の向上を図るとともに，それらをオープンデータ化し，AI見守りサービスの横展開に必要な環境の整備を行う予定です。これまでに，再学

図3　AI モデル学習のための車いす領域のタグ付け

習用のデータセットを準備するため，インターネット上に公開されているオープンデータから，車いすの映る画像を1万枚以上抽出し，再学習に利用しています。アノテーション作業（正解づけ）を行う際に，車いすに乗る人とともに領域が指定されている場合があります（図3）。今回は，車いすの検知精度の向上のため，図の右のように車いすの領域のみに限定してタグづけを行います。これらで収集，整理された画像群は，公益財団法人の管理のもと，オープンデータとして広く公開する予定です。

〔高野 茂〕

考えてみよう

1. あなたの日常生活での移動中に100人とすれ違った際に，車いす利用者の方と1名以上出会うことはありますでしょうか？　それよりも少ない場合は，そこに何かしらのバリアがあるのかもしれません。逆に，車いすでの移動が快適な商業施設等は，車いすの利用者が通常よりも多いかもしれません。自分が車いすに乗る場合，どのような「情報」があると外出してみようという気になるか考えてみましょう。
2. AI・IoT 技術は道具ですので，その使い方次第では「人にやさしい」サービスを実現することができます。例えば，市街地の交通状況を計測するセンサーデータを分析して，AI が交通事故多発地帯を予測した際に，「誰に」「いつ」「どうやって」その情報を伝えると，交通事故を減らすことができるかを考えてみましょう。

12 グラフィックデザインとサインアクセシビリティ

　読者の皆さんは，グラフィックデザインという用語に，どのような印象をおもちでしょうか。雑誌や広告・Web・SNS等のメディアを通してご覧になった，鮮やかで，華やか，奇抜な印象をおもちかもしれません。グラフィックデザインの対象は広く，代表にポスター，リーフレット，ロゴマーク，パッケージ，Webデザイン，モーショングラフィック，そしてサイン，ピクトグラム等があります。一見バラバラに見えるこれらの対象の共通項は，「情報を伝える」ことです。パッケージやリーフレット等が，個々の好みにターゲットを合わせたプライベートデザインであるのに対し，サイン，ピクトグラムは，使用される対象が，駅・学校・病院・空港など公的な環境であることから，パブリックデザインといえます。そのため，より多くの人のアクセシビリティを包括した，情報がわかりやすく，伝わりやすいデザインが求められます。

(1) 対象となる障害種や困難さ——知的障害および自閉スペクトラム症

　パブリックデザインであるサインとピクトグラムは，すべての人にとって，またどのような障害を有する人にとっても，わかりやすくあるべきですが，筆者の専門としている障害の対象は，知的障害と自閉スペクトラム症です。なぜなら，内的な障害（正確には，知的障害，自閉スペクトラム症のみならず，精神障害も含まれますが）を有する人にとって，サイン，ピクトグラムのデザインは，どのようなものがわかりやすいのか明らかになっていないことが多いからです（バリアフリー新法，2020）。知的障害は，発達期に発症し，概念的・社会的・実用的領域における，知的機能と適応機能の両面に困難を示す障害です。抽象的思考や読み書きに困難を示すことから，情報を理解するために文字以外の

絵，イラストレーション，写真等の視覚的支援が配慮として必要とされます。サインを使用する際，移動や経路探索の行動が伴いますが，知的障害者の場合，抽象的な概念を理解しにくいため，単純でわかりやすい方法での情報伝達が望ましいとされています。自閉スペクトラム症は，社会的コミュニケーションおよび相互関係における持続的障害・限定された反復する様式の行動，興味，活動等が特徴としてあり，知的障害と同様に，発達期に発症します。自閉スペクトラム症は，言葉の発達が遅く，言語理解が難しい等の言語障害を併せ有する場合が多く，また話し言葉で聞くよりも，絵カードや写真等を用いた視覚的なメディアを用いたコミュニケーションに強みをもつ人が多いことから，視覚的な支援が配慮として必要とされます。

　双方の障害が視覚的支援を必要とする理由には，文字や話し言葉よりも絵がわかりやすいという共通点があります。例えば，自閉スペクトラム症の人の困難さに「見通しのもちにくさ」があります。見通しがもちにくいとき，その不安から，パニックや自傷行為等を行い，混乱が生じてしまいます。そのため視覚支援として，これから何をして，次は何を行うかが絵と文字で示されたスケジュールの呈示があります。また，移動や経路探索の際には，情報提供の方法をシンプルでわかりやすいものとし，極力穏やかで落ち着きのある環境を維持できるように努めることが求められます（交通エコロジーモビリティー財団，2009）。私たちも，見通しがもてなかったり，混み合った情報を目の当たりにしたりすると，不安が生じたり，苛立ったりしてフラストレーションが溜まります。しかし，我慢をしたり，誰かに気持ちを話したり，好きなことをしたりするなどして，そのときの苛立った気持ちを解消しています。つまり，抱えているフラストレーションは程度の差こそあれ，同じなのです。そう考えると，知的障害や自閉スペクトラム症を有する人の困難さは，他人事ではなく，私たち自身にも通じることなのです。また私たちも，社会環境の中でさまざまな視覚支援に支えられて，それを手がかりに生活しています。その代表が，経路探索や行動をサポートするサイン，ピクトグラムです。

（2）支援技術の概要

サインの語源は，シグナーレ（signare）というラテン語にあり，英語ではto mark，直訳で「しるしをつける」という意味に該当します。**サイン計画**という言葉は，「環境に計画的にしるしをつけること」を意味します。サイン計画では環境を利用する人にメッセージや情報が伝わることが肝要で

表1　文字の大きさの目安（歩行時）

視距離	和文文字高	欧文文字高
30m	120mm	90mm
20m	80mm	60mm
10m	40mm	30mm
4〜5m	20mm	15mm
1〜2m	9mm	7mm

す。そしてさまざまな人々にその環境が開かれることが，サイン計画の目的です。そのためサインには，空間や環境にコントラストをつけるなどして，わかりやすいグラフィックデザインが求められます。ここでは，サイン計画のうち，サインのアクセシビリティ向上のためのグラフィックデザイン手法について紹介します。

知的障害や自閉スペクトラム症を有する人への情報提供は，「シンプルでわかりやすい」ことが求められます。一見簡単そうですが，どういうことなのでしょうか。サインにおける情報は，主としてフェイスと呼ばれる基板表示面で，タイポグラフィやピクトグラムを適切なレイアウトに置き換えることによって視覚化されます。これらは総じて，**グラフィックエレメント**と呼ばれます。

サインにおける**タイポグラフィ**の目的は，文字を読みやすくすること，また環境にサインが配されたときに，使用されている文字が伝える情報にふさわしい印象を見る人に対して与えることにあります。例えば歩行時の文字の大きさの目安を，表1に示します（国土交通省，2022）。弱視者の場合は，さらに文字を大きくする必要があるといわれています。また，文字により補正係数があり，漢字：ひらがな：カタカナ：アルファベット＝2：1.3：1.2：1です。つまりアルファベットは漢字の半分の文字高でも判読でき，逆にいうと漢字はアルファベットの2倍程度の文字高を要します。知的障害や自閉スペクトラム症を有する人の中には，漢字を読めない人も多くいます。そのため，ルビ表記が必要になります。

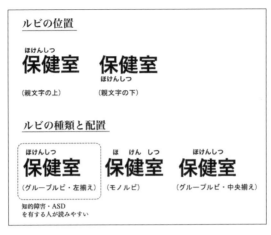

図1　ルビ表記の位置と種類

　サインにおいては，書体や文字の大きさよりも，各エレメントの相互作用が重要であることが指摘されています。そのため，**レイアウト**は最も重要なグラフィックエレメントになります。知的障害や自閉スペクトラム症を有する高校生を対象に筆者が行った調査では，図1のようにルビの位置は親文字の上，レイアウトは左揃えがわかりやすいという結果になりました（工藤，2020）。

　組方向については，サインの多くは和文欧文併記のため横組みが多いですが，縦組みも可能です。日本語は，縦組みのほうが速く読まれることが報告されており，日本人にとっては馴染みが深いため，親しみやすさを表出できます。1行あたりの文字詰は20〜25字が最も読みやすいといわれています。

　字間は，サイン計画全体において一定にする必要があります。国内では，道路標識をはじめ，10文字以下の名称を均等配置するサインが多くみられますが，文字の流れに反しており，読みやすさを妨げてしまいます。情報が読まれる方向性を意識し，名称や用語の場合は，左揃えか右揃えにしましょう。

　レイアウトフォーマットは，文字高・行間・マージン（余白）・ピクトグラム・欧文・数字等すべてのグラフィックエレメントが単純な比で関連づけられる必要があります。基本単位は1文字の高さとすると合理的です。また，方向系サインの場合は，その方向と空間の関係性がレイアウト，特にマージンと文字組みに置き換えられて，視覚化されることが重要になります。例えば，図2

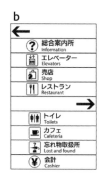

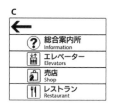

図2　どのサインデザインが方向と情報がわかりやすいでしょうか？

のaのように，矢印が多いサインはよく見受けられますが，まるで間違い探し
のようで，瞬時に正確に情報を読み取ることが難しく，情報と方向を誤ってし
まいます。bのように矢印は一方向につき1つとし，情報をまとめるほうがわ
かりやすく，マージンができるためレイアウトもまとまります。またcのよう
な設置環境が可能であれば，方向を並列に配置し，方向の間には一方向のサイ
ン高以上のマージンを取るとよいでしょう。なお，矢印は矢羽と軸の比率が重
要で，軸が矢羽より長いほうがわかりやすいです。

　ピクトグラムは，言葉に頼らず情報を伝達することを目的に使用される図記
号です。ピクトグラムの適性度は，国際標準化機構ISO（International
Organization Standardization）により，遠くから見たときの見やすさである
視認性と，ピクトグラムが表す意味内容の理解のしやすさである理解度の2つ
の観点から調査する方法が立案されています。ピクトグラムは，ノンバーバル
コミュニケーションであり，さまざまな言語を超えて理解されやすいものであ
る必要があります。しかしながら，日本で標準的に使用されているJIS（日本産
業機構）のピクトグラムの中には，知的障害や自閉スペクトラム症を有する人

分類ごとにわかりやすい条件		適用例		
1	見かける頻度—多い　○ 目的とする行動をとる頻度—多い　○	お手洗い		JISピクトグラム
2	見かける頻度—多い　○ 目的とする行動をとる頻度—少ない　×	非常口		
3	見かける頻度—少ない　× 目的とする行動をとる頻度—少ない　×	SOS SOS 非常 ボタン	① 動きや音を表す 　 motion line	JISピクトグラム ＋ グラフィック要素
4	上下左右位置方向の情報を示すピクトグラム	右側に お立ち ください	① 動きや音を表す 　 motion line	
5	英文字や記号に主要情報が依存し学習が必要なピクトグラム	i 案内	② 場所を象徴する人物 ③ 行動, 動作をとる人物	グラフィック 要素を取り入れ 再検討
6	誤認されやすいグラフィック要素を含むピクトグラム	警察	② 場所を象徴する人物 ③ 行動, 動作をとる人物	

> ピクトグラムの解度を高めるグラフィック要素
> ①動きや音を表すmotion line
> ②場所を象徴する人物
> ③行動, 動作をとる人物

図3　わかりやすいグラフィックデザインの条件（ピクトグラムの6分類別）

「二列並び」のピクトグラム
IQ21-35 の群は左がわかりやすい

図4　知的障害でもIQによりわかりやすさが異なる

にとっても，また障害を有さない人にとっても，理解が難しいものが多く存在します。その代表例が，世界で広く使用されている「案内」です。information の「i」を象っているため，information が「案内」のための「情報」を意味する英語だという知識がなければ理解できない，学習を要するピクトグラムです。

　筆者らは，これまで知的障害や自閉スペクトラム症を有する人にわかりやすいグラフィックデザインの条件について調査してきました。その結果，図3の通り，ピクトグラム6分類ごとにわかりやすい条件や，理解度を高めるために効果的な3つのグラフィック要素が明らかになりました。その後，さらに調査

を進めていくと，IQによってわかりやすいピクトグラムの表現が変わることも示唆されました。図4の通り，IQ21〜35の人には，「列並び」のピクトグラムは，JISピクトグラムの斜めからのパースで表現されるよりも，真っ直ぐから見た表現のほうが理解されやすいことがわかりました。一方，IQ36〜50の人たちには，両者の理解度は同一で差はありませんでした（Kudo, 2022）。この理由はまだ明らかではありませんが，1つは視認経験，2つめは重なり（Murray et al., 2009）や一人称視点等の見え方の問題が考えられます。知的障害や自閉スペクトラム症を有する人への情報提供は，「シンプルでわかりやすい」ことが求められていると，最初に述べました。しかし，サインやピクトグラムにおいては，情報を少なくすればよい，ということではないことがわかってきています（工藤・山本，2014）。先述した通り，情報量は変えなくてもレイアウトを変えることで，サインに示した情報がわかりやすくなります。ピクトグラムで情報の文脈を伝わりやすくするためには，グラフィック要素を加えてデザインすることにより理解度が高まります。「シンプルでわかりやすい」と聞くと，「案内」の「i」のような，文字記号表現のデザインが想像されやすいと思います。しかしそうではなく，表す意味内容そのものを表現したほうがわかりやすいということです。ただし，ピクトグラムは図記号なので，絵ではありません。図として見えるための「図－地バランス」を保ちつつ，簡略化しすぎない表現が求められます。

(3) 今後の展開について

　サインの中でも，書体，ピクトグラム等については，知的障害や自閉スペクトラム症のような内的な障害を有する人々にとってわかりやすいデザインの条件が，少しずつ明らかになってきました。しかし，まだ明らかになっていないことのほうが多いのが現状です。先述した通り，サインは各エレメントの相互作用です。また，屋外・屋内，日中・夜間，雨天・晴天等の環境の影響を受けます。タイポグラフィ，ピクトグラム，レイアウト，そして環境条件，サインを使う人の特性を含め，総合的な調査が今後必要になります。また知的障害や自閉スペクトラム症だけではなく，注意欠如・多動症（ADHD），学習障害

(LD) 等さまざまな内的障害を有する人々のわかりやすさも調査し，明らかにする必要があります。

〔工藤 真生〕

\ **考えてみよう** /

1. 3方向の方向系サインをデザインしましょう。以下の情報について，矢印を含むピクトグラムと文字（和文欧文二語併記）でレイアウトをしましょう。
   <u>左方向</u>：受付，エレベーター，出入口
   <u>右方向</u>：ATM，レストラン
   <u>直　進</u>：案内，コインロッカー
2. 図3の要素や条件を参考に，「広域避難場所」のピクトグラムを，デザイン改良しましょう。

13 デジタル情報システムとアクセシビリティ

　本章では，合理的配慮の一環として求められる障害者の情報アクセシビリティを担保するための技術の現状と課題について，視覚障害とディスレクシア（発達障害による読字障害）を中心に述べます。

（1）視覚障害とディスレクシア

　「アクセシビリティ」という言葉は，インターネットの普及の中で，「視覚障害者のためのWebアクセシビリティ」として使われ始めました。現在は，多様なニーズがある人たちのための，多様な情報のアクセシビリティが課題として取り上げられるようになってきています。ここで取り上げるターゲットは，印刷された文書・書籍，WordやPDF等の電子文書，Web等です。こうした情報へのアクセスに際して視覚障害者（弱視，全盲）にとって難しさがあるのは誰の目にもわかりやすく，そのための配慮が種々行われているのは社会的にもよく知られていることですが，視覚障害者よりもはるかに多く存在する**ディスレクシア**（発達障害による読字障害者）の人たちもまた文書情報へのアクセス困難があることが，現在ではクローズアップされています。

　ディスレクシアについては，あとで詳しく述べますが，あまり知らない読者もいると思いますので，どんな困難があるのか，少し触れておきます。ディスレクシアというのは発達障害による読み困難がある人たちで，目が見えていても，視覚障害者と同様に文字を読むことに困難がある人たちです。文字が画像にしか見えず，全く読めない人もいれば，漢字は読めないけれど平仮名なら読めるという人，単語の切れ目がわからず，1文字ずつなら読めるけれど文章として読むのが難しく，少し読んだだけで疲労困憊してしまう人など，さまざまな人たちがいます。そうした人たちも読み上げ音声つきでデジタル化すれば普

通に内容を理解することができます。具体的な支援手段については，後のディスレクシアへの支援のところで述べます。

(2) 対象となる人たちの人数

　全盲の人の数は日本全体で約30万人，そのうち点字を読める人は約3万人と言われています。全盲あるいは重度の弱視・失明の可能性がある児童生徒等の教育を担う視覚特別支援学校や盲学校は日本には70余りありますが，そうした学校に通う生徒数は減少傾向にあり，ごく一部の学校を除いて，ほとんどの場合に同級生がいないという状況にまで少なくなっています。一方，発達障害等により，読むことが困難な児童生徒の数ははるかに多く，平成24年度の文部科学省の調査結果では「読み書きに困難がある児童生徒」は2.4%とされていて，すべてのクラスに1人くらいはいるということになります。

　種々の調査結果では，発達障害による読み困難は，指導により一定程度改善する場合があるものの，大部分のケースでは自分で普通に「読めるようになる」という事例は稀であることから，高学年，あるいは成人になっても読み困難がある人たちはほぼ同じ割合でいると考えるのが妥当と思われます。非常に多くいるのに周囲は気がつきにくく，本人も自分の文字を読むときの困難さが障害によるものであるという自覚をもちにくい点も，対策を難しくしている要因のひとつといえます。

(3) 視覚障害者を支援する技術

　点字は，フランスで軍用の暗号文字を改良する形で誕生し，19世紀の初めにルイ・ブライユによって，現在の6点点字の形に完成されました。1文字の大きさと点の数は，指先で一瞬に読み取れるという条件を満たすものになっています。64文字しかない点字で，漢字を含む日本語，日英混在文，数式等をどのように表現しているのか不思議に思う人も多いと思いますが，漢字は平仮名に直し，さらに日本語・英語・数式とモード切り替えをし，また複数の記号を組み合わせて1つの文字や記号を表現するなどの方法で，多様な文書表現ができ

るようになっています。高校や大学で用いられる高度な数式も点字表記法があり，実際に使われています。

1）分かち書き仮名変換

　ここで重要なのは，日本で標準的に使われている点字には漢字の表記はなく，すべて平仮名に直して点字にしているということです。日本語の文章には単語の切れ目に空白等の区切りがないため，そのまますべてを平仮名にしてしまうと，意味を読み取るのが困難なため，単語ごとに分かち書きして平仮名に直す必要があります。そのため，一般的な日本語の文章を点訳するためには，高度な日本語解析技術が必要になります。既に，優秀な自動点訳ソフトが複数実用化されていますが，専門用語を含む理工系や医療の分野，固有名詞を多く含む歴史文書等では，一定のカスタマイズが必要になります。高精度の自動点訳を実現するためには，分野ごとに収集した大規模な形態素解析用の辞書の整備が必要になります。

2）点字による数式表現

　点字に対して，一般の図書で使われている文字を墨字と呼びます。墨字の世界では数式の表記は万国共通で，外国の文献等で文章は読めなくても数式だけは読めて，なんとなくその内容がわかったりしますが，点字の世界では数式の表記方法が国ごとに異なっています。そのため，高等教育になると，数式の表記にはそれぞれの国の固有の点字表記ではなく，理系分野で専門家が数式を書くときに使うLaTeX表記がよく使われます。ギリシャ文字のα（アルファ）を\alpha，右向き矢印を\rightarrowなどと表記するため，簡単な数式も長い文字列になってしまい，可読性は高くありませんが，専門家が使うような高度な数式も含めてすべて表記でき，世界中で共通に使われているという安心感があります。最近は，Covid-19により，視覚障害者だけでなく一般の学生とのコミュニケーションもオンラインで行うニーズがあって，LaTeXよりも直感的に理解しやすいAscii Mathによる記法も広く使われるようになってきています。

3) 点字教科書と拡大教科書

　小・中学校の教科書については，教科書バリアフリー法により，ほぼ全教科の点字教科書と拡大教科書が国費により無償提供されています（点字教科書については，視覚特別支援学校と盲学校のみが対象）。拡大教科書については文部科学省で標準的な規格を定めていて，各教科書出版社が22ポイントを基準として，その1.2倍と0.8倍の3パターンの版を作成し，児童生徒のニーズに合わせて提供されています。しかし，高等学校については種類が多いため，（拡大教科書についても）視覚特別支援学校や盲学校の教科書に限られるなど，十分な提供体制はできていないといえます。

4) 視覚障害のための支援機器やソフト

　全盲の人がデジタルの文書を読むためには，点字ディスプレイやスクリーンリーダー（音声＋点字で読む）が利用されます。点字は点訳の過程でデジタルの点字文書として編集されるのが普通で，1990年代からデジタルで点字を読むことが広く行われてきました。また一般的なテキストファイルも直接点字ディスプレイやスクリーンリーダーで読むことが普通に行われています。

　弱視の人たちには今も拡大読書機が広く使われています。合理的配慮では，こうした機器を教育現場での日々の学習や試験等で使えるように配慮していくことが必要となります。こうした視覚障害者への支援機器やソフトは高価なことが多く，障害者のための「生活用具補助制度」の対象となっていて，各自治体で補助しています。一方で，拡大教科書は重く，分冊も多くなり，児童や生徒たちにとって，必ずしもベストな教材とはいえません。拡大読書機も携帯性はありません。そのため，弱視者の間では最近はiPadやAndroid等のタブレットが非常に効果的なツールとして使われるようになっています。

5) iPhone

　iPhoneの登場は視覚障害者にとっても画期的なことでした。一見，何もボタンのない画面のiPhoneやiPadは全盲の人には利用できないように見えますが，実は，アクセシビリティの設定をすると，1つひとつのアイコンを1回タップするとアイコンを読み上げ，ダブルタップすると選択実行という仕組みになり，

全盲の人でも容易に使いこなせるようになっています。そのため，視覚障害者の間ではiPhoneが広く使われています。筆者は，「iPhoneの登場は視覚障害者にとって，『世界が拡がった！』と言わせるほどに大きな出来事であった」という視覚障害者当人による述懐を聞いたことがあります。

（4）発達障害による読字障害者（ディスレクシア）

　既述のように，ディスレクシアは発達障害の1つで先天性のものであり，文字の読み書きに困難がある障害です。普通に目は見えているのに，視覚的に見えている文字や文章から意味を取るプロセスでの脳内の機能に障害があって，読むことに困難がある人たちです。

　読み困難の原因は主に2つあって，1つは，**視覚情報処理の不全**に起因する困難です。文字がにじんだり，ぼやけたりして見える，文字が歪む，鏡文字に見える，点描画に見える，などといった状態がよく報告されています。2つめは，**音韻処理の不全**に起因する困難です。人は文字や文章を（あまり意識はしていませんが）音情報に変えて理解していると言われています。その変換処理のプロセスがうまく働かないことによる読み困難です。典型的な例は，日本語の文章の単語の区切りが見つけられず，1文字ずつ読む「逐次読み」になったり，間違ったところで区切ってしまって，正しい読みがわからなくなる，というものです。視覚障害者の場合との大きな違いは，目は見えていて普通に生活できるため，気づきにくい点があげられます。本人も気づかず，高学年になって，あるいは大人になって初めて，自分がディスレクシアとわかるケースも多くあり，ディスレクシアの人たちの支援を困難にしている要因の1つになっています。

1）ルビの重要性
　ディスレクシアの人たちは一般的に，漢字を読むのが難しい場合が多く，ルビを振ることが重要になります。ディスレクシアといっても，軽度の人も多く，平仮名は読めるという人たちが多数を占めています。最近は行政文書にもすべての漢字にルビを振る対応をするケースがみられるようになってきました。こ

れがさらに進むと，ディスレクシアの人たちも暮らしやすい社会になると思います。一方で，視覚情報処理に不全がある人の中には，漢字にルビがついていると漢字とルビが1つの文字に見えてしまって，かえって読めなくなるという人もいます。デジタルデータにして閲覧ソフト側でルビをON/OFFしたり，あるいはルビの色を本文の文字と変えるなどの対応ができるようにすることが有効な手段となります。

2) 分かち書き

　また，「単語区切り」など，短い意味のかたまりで区切り線を入れてあげると，それだけで読めるという人も多くいます。後で述べる，日本障害者リハビリテーション協会によるデイジー教科書（**マルチメディアDAISY**）を利用している児童生徒に対するアンケート調査では，このように「単語の区切りを付ければ読める」という欄にチェックを入れた児童生徒が約3割いました。ここでは，自動点訳で必要となった，分かち書き変換のための日本語文章解析技術が有効な手段となります。

(5) ディスレクシアのための支援機器

　ディスレクシアの人たちが文書情報にアクセスする手段として有力なのは既に述べた「マルチメディアDAISY」です。DAISYは，Digital Accessible Information Systemの略で，「アクセシブルなデジタル図書」の国際標準規格です。主として視覚障害者のための規格として普及していた音声のみのデジタル図書DAISYを，ディスレクシアの人たちのためにテキスト画面と連動して読み上げるデジタル図書としてマルチメディア化したのが，マルチメディアDAISYです。マルチメディアDAISYは，現在は出版業界のデジタル図書規格EPUB3のサブセットとして，「EPUBアクセシビリティ」の規格として位置づけられ，日本ではJIS規格にもなっています（2022年）。そうしたEPUBも含めて，ここではマルチメディアDAISYと呼ぶことにします。

　マルチメディアDAISYでは，現在読み上げているところがテキスト画面上でハイライト表示され，読みと表示がシンクロナイズして進行します。音声の

みで聴くよりは，文章や図を見ながら，読み上げ音声の補助を得つつ自分の頭の中で「テキストの音声化」を行うことができ，内容理解につながると考えられます。その他，見出し構造，文字色と背景色等の配色のカスタマイズ，拡大縮小，読みの速度調節等はDAISYの基本機能とされ，すべてのDAISYプレイヤーにはそれらの機能の実装が求められます。日本語環境でのルビや縦書き対応等も国際規格となっていて，近く，分かち書きも標準規格に合められる予定です。

1) マルチメディアDAISY教科書

公益財団法人日本障害者リハビリテーション協会（リハ協）では，多くのボランティア団体やNPOの協力を得て，小・中学生のためのマルチメディアDAISY教科書を製作し配信しています。2008年にスタートし，年々規模を拡大して，現在はほとんどすべての教科をカバーし，2021年度には15,000名を超える児童生徒が利用しています。

2) 合理的配慮と著作権法

情報アクセシビリティに関する技術について考えるときには，著作権法（特に第37条）とそれを踏まえた**合理的配慮**に関する法律を理解しておくことが重要です。近年，合理的配慮の施策をさらに進めるため，著作権法も含めた関連法案の改正が相次いでいます。合理的配慮については，「障害者差別解消法」「教科書バリアフリー法」「読書バリアフリー法」等のキーワードで検索すると，最新の法律の改正内容やその方向性等を知ることができます。著作権法や教科書バリアフリー法では，「視覚障害その他の障害により視覚による表現の認識が困難な者」を「視覚障害者等」という，としていて，視覚障害者等という言葉の中に発達障害による読字障害者（ディスレクシア）や肢体不自由による書物へのアクセスが困難な人なども含めています。

教科書バリアフリー法では点字教科書や拡大教科書が教科書として位置づけられ，政府による無償配布の対象となりましたが，マルチメディアDAISY等の音声付きデジタル教科書は「教科用特定図書」と位置づけられ，国の責任での製作・提供は行われず，現在も小・中学校のマルチメディアDAISY教科書

が上述のようにリハ協会を中心とするNPOやボランティア団体の協力によって製作され提供されている現状は，ディスレクシアの児童生徒たちに対する合理的配慮の義務を国自身が果たしていないことを意味し，改善される必要があるといえます。

3) 読み上げについて

　DAISYではテキストを読み上げる機能が必須ですが，必ずしも朗読音声を用意しなくても，最近は日本語の場合も合成音声の技術革新が進み，ちょっと聞いただけでは人が読んでいると聞き違えるほどの高品質な合成音声が使えるようになってきていて，そうした高品質の音声による読み上げをワープロで文書を書くのと同様に編集できるマルチメディアDAISY図書製作ソフトもあります。そのソフトでは，数式も自動で正確に読み上げがされるように工夫されています。上述のマルチメディアDAISY教科書には理数系の教科もあり，そうしたソフトウェアが使われています。

4) 試験における合理的配慮

　教育現場で用いられる教材は教科書だけではなく，副教材のアクセシビリティをどう担保するかも大きな課題です。そして，何より重要なのが，試験問題のアクセシビリティ（**試験における合理的配慮**）です。例えば，大学入試センターの試験では，研究開発部門では視覚障害者や発達障害者のための読み上げ音声つきの試験の研究が長年進められていますが，まだ，本格的な実施には至っていません。また，大学入試センターに限らず，一般に入学試験での合理的配慮は，出身校での配慮実績に基づいて実施されるため，小・中・高の教育現場の定期試験等での合理的配慮が重要となってきます。

　一部には教師が「代読」を行って配慮することも行われていますが，実際には，教師による代読では不十分で，普通の生徒が必要なところを何度も読み直すのと同じように，読むことに困難がある生徒もコンピュータやタブレット等で何度でも聞き直せるような配慮が重要といえます。また，速読で再生する機能も重要となります。試験問題はボランティアに製作を依頼するわけにはいきませんので，校内の定期試験等では，教師自身が簡単に読み上げ音声つきの試

験問題を製作できるようにすることが必要です。支援技術における喫緊の重要な開発課題といえます。

5）高校や高等教育でのアクセシビリティ支援

さらに，高校や大学の教科書・教材や，社会人になってからの仕事で読み書きする文書（各種の報告書や解説書，論文，マニュアル類等）は，その量と多様性から，ボランティアに依存することは困難なため，自分で読めるようにする技術開発がきわめて重要になります。今日，市販のOCRソフトも精度が向上し，Google OCR等のWebサービスもテキスト部分を切り出して認識にかけるとほとんど誤認識のない結果が得られるようになってきています。しかし，レイアウト解析はまだ十分とはいえません。教材は年々カラフルで複雑なレイアウトのものがつくられるようになり，そのまま認識処理にかけても期待した認識結果が得られない場合がまだ多いのが実情です。

また，数式に対応したOCRソフトもありますが，それもレイアウト解析がボトルネックになっています。

6）AIへの期待

文書レイアウトには実に多様性があり，近年のAI技術でも，一般的な文書に対する汎用的なレイアウト解析を目指すと膨大な費用がかかり，思うような精度を得るのが難しく，まだ実用化はされていません。しかし，文書レイアウトはジャンルによって傾向があり，ジャンルを絞って，それぞれのジャンルに応じたアノテーションつき画像データベースを構築し，AIによるジャンル（教科書，試験問題，レポート，論文等）ごとのレイアウト解析システムを構築することには可能性があります。視覚障害者やディスレクシアの人たちの支援技術として，今後の重要な課題であると考えられます。

〔鈴木 昌和〕

＼＼　**考えてみよう**　／／

1. ディスレクシア（発達障害による読み困難）は傍目にはわかりにくく，また本人も自分が障害者だと認めたくない等の理由で隠す傾向が強いのですが，それだと本来受けることができるはずの支援を受けられないというジレンマがあります。もし，あなたの親友がディスレクシアだとわかったとき，あなたはどうしますか？

2. 視覚障害者には障害者手帳が発行されますが，ディスレクシアを含め発達障害者には障害者手帳は発行されません。なぜだと思いますか？　さまざまな理由が考えられますが，障害者手帳がない場合は障害者の法定雇用率の対象にも含まれないなど，行政の支援が十分に届けられない要因のひとつともなります。このことをどう思いますか？

IV

>>>>>>>>>>>

専門分野からみた
ユニバーサルデザインと学際知

14 福祉社会学からみたユニバーサルデザイン

(1) 福祉社会学の概要

　社会学では，「研究対象＋社会学」と名づけることで，社会学の一分野を示すことができます。例えば，農村が対象であれば農村社会学，都市ならば都市社会学，さらに家族社会学，環境社会学，医療社会学等，挙げればきりがありませんが，こうした示し方を連字符社会学と呼びます。社会学の理論と方法を用いて多様な対象を分析できることがわかります。**福祉社会学**は，連字符社会学としてみれば，社会福祉，あるいは福祉に関する諸事象を対象とする社会学的な研究といえるでしょう。

　1960年代の福祉社会学と題した初期の研究（松原・副田，1966: i-ii）では，そもそも対象となる社会福祉あるいは福祉自体の概念や対象が明確ではないこと，また，福祉社会学固有の方法論が明確でなく，各研究者間で学問的なアプローチが異なっていることから，福祉社会学という学問体系の規定は難しいと指摘されていました。その後，日本で福祉社会学が社会学の一分野として受け入れられたのは比較的最近のことです。しかし，対象の曖昧さと固有の方法論の不在といった課題を解消できたので受け入れられたというよりも，近年になって，福祉課題が多くの人々の関心事になったことが受容の理由だと思われます。急速な高齢化の進行とともに要介護高齢者が増え，また，少子化もあって子育てなどに注目が集まりケアという行為に対する関心が高まったこと，格差や貧困の問題が幅広い世代に広がってきたことなど，さまざまな福祉的課題に対して注目が集まる中で，これらへの対応策を求めて福祉社会学的な分析が求められたといえます。

　よく似ていますが，社会福祉学と福祉社会学との違いも簡単に確認しておき

ましょう。両者は互いに密接な関係にあり，いずれも社会福祉，福祉に関するさまざまな対象や問題を取り上げますが，そのアプローチには少し違いがあります。福祉社会学は社会学を基礎とし，人々の相互行為や関係性の状況を把握することで正確な現状分析と将来展望の提示を目指すのに対して，社会福祉学は社会学に限らず，心理学，教育学さらには法学，経済学等も用いながら学際的に問題へ迫り，解決策を示すことを目指します。実践との関係をみても，社会福祉学は個別の対象への支援を通して問題解決が求められることから，より実践的で，制度や政策との関係も深くなります。やや強引な整理ですが，例えばケア問題に対して，既存の福祉サービスの利点や課題を確認し，不足するサービスを明らかにすることで，具体的な課題解決策を考えるのが社会福祉学的分析だとすると，サービスが利用できるにもかかわらず，世間体が悪いと抵抗感を覚える高齢者に対して，そうした意識に影響する要因や福祉意識を分析し，利用促進を図る方法を考えるのが，福祉社会学的分析といえます。両者の連携によって円滑なサービス利用が実現されることは間違いありません。

　それでは，福祉社会学では具体的に，対象である社会福祉や福祉の何が取り上げられ，どのように論じられているのでしょうか。福祉社会学会が2013年に刊行した『福祉社会学ハンドブック』をみると，その対象は幅広く，多様であることがわかります。

　まず，福祉社会学の理論と方法としては，福祉レジーム論，共生社会論，正義論，ニーズ論，社会的排除・包摂論，自己決定論，コミュニティ論等が挙げられます。そして，シティズンシップ，ジェンダー，クオリティ・オブ・ライフ，エンパワメント，アドボカシー，障害学等のさまざまな対象へのアプローチがあり，また，方法論としては，質的調査法，量的調査法等の社会調査法が用いられています。この社会調査法の問題は後述します。

　次いで，福祉社会学の諸領域としては，個人，家族といったミクロ領域から，福祉社会，全体社会・国家にいたるマクロ領域まで広くとらえます。個人の誕生から死にいたるライフコースで起こり得る福祉課題が対象となり，不平等，差別，階層，貧困といった事象も加わります。福祉現象の多様性を念頭に置けば，学際的，政策科学的なアプローチも必要となります。

　このように，福祉社会学の理論と方法は，実に多様であることがわかります。

(2) ユニバーサルデザインとの関連や取り組み

　社会学の一領域である福祉社会学は，人々の相互行為や関係性の状況を明らかにすることで対象に迫ります。福祉社会学とユニバーサルデザインとの関係を，具体的な事例をもとに考えてみましょう。

　近年，社会的孤立への関心が高まる中で，孤立と孤独という概念は区別しておく必要があります（タウンゼント，1963）。**社会的な孤立**とは，家族やコミュニティとほとんど接触がないことであり，客観的，外形的な事実が重視されています。一方，**社会的な孤独**とは，仲間づきあいの欠如，あるいは喪失によって好ましからざる感じをもつことであり，本人の主観がより問題とされています。

　人口減少の進む過疎地域では，今や1集落1世帯1人（一人暮らし高齢者）といった事態も稀ではありません。隣の集落まで数キロ離れているといった高齢者はたしかに地理的・空間的に孤立していますが，必ずしも孤独ではありません。月に一度の「ふれあい・いきいきサロン活動」に参加し，そこで他の集落の高齢者と交流をもち，少し離れた地方都市に暮らす他出子が，頻繁に自動車で通ってきては一緒に買い物に出かけています。集まって活動することが生活の中に組み込まれていることで，孤独感は軽減されています（高野，2022）。一方で，都市では生きづらさを抱える若者が増えているといわれます。SNSでやり取りを繰り返している若者は孤立してはいないが，孤独なのでしょうか。こうなったのは自分自身の努力が足りないからだという自己責任論的な考えをもっている場合は，孤独自体に気づいていないかもしれません。困っていることに気づいていない，あるいは気づいても支援を求める声を出しづらい状態にある人々への支援策として，ただ相談窓口を設けて，いつでも相談に来てほしいと伝えても，そう簡単には利用につながらないのではないでしょうか。

　そうした中で，居場所の大切さに注目が集まっています。居場所の意義については，サードプレイス論（オルデンバーグ，1989/2013），社会的インフラ論（クリネンバーグ，2018/2021）等があります。現在の日本で福祉的な機能を期待されている居場所には，高齢者を対象とした「ふれあい・いきいきサロン活

動」をはじめ，子育てサロン，障害者サロン，認知症カフェ等があり，各地で増えています。

なかでも，**子ども食堂**は近年全国で大きく増加しています（湯浅，2021）。2015年前後から子どもの貧困対策として始まり，今や多様な人々の「つながりづくり」（多様な関係形成）の場となった子ども食堂は，緩やかな関係を形成するための優れたユニバーサルデザインです。ユニバーサルデザインは，主に生活環境や設備器具の利用しやすさの実現を目指してきましたが，非物質的な人々の関係形成にも，その考え方が応用できる良い例ともいえるでしょう。

子ども食堂は当初子どもの貧困対策として，母子世帯等の生活困窮状態にあり，十分な食事ができなかったり，孤食の子どものために食事を提供し，会食する取り組みとして始まりました。しかし，子ども食堂に通っているのは特別な子どもたちだというレッテルが貼られ，子ども食堂を必要とする子どもも，世間体が悪いと感じた親から利用を止められてしまうこともありました。そこで，生活困窮状態にある子どもに限らず，子どもも大人も誰でも利用できる地域食堂ともいえる活動への切り替えが進みました。柔軟に対応できたのは，制度的なサービスではなく，人々の自発的な活動であったからともいえます。これによって生活困窮状況にある子どもも通いやすくなり，誰にとっても使いやすいという認知的なユニバーサルデザインが実現されています。新型コロナウイルス感染症拡大によって，活動の中断を余儀なくされたこともありましたが，活動は今も増えています。

誰もが参加可能とすることで利用の抵抗感が減り，結果的にニーズをもつ子どもにもサービスを提供しやすくなることを，福祉社会学では，参加者相互に対等な関係が形成されている点に注目して評価します。ボランティア活動等による福祉サービス提供の課題として，利用者側が抱える，いつも支えられるばかりで申し訳ないという感覚の解消，また提供者側に生じかねないパターナリズムの回避を，いかに実現するかが問われています。両者の関係の非対等性は利用を抑制する方向に働くため，利用を促すには対等な関係を形成しなくてはなりません。子ども食堂では，利用者の子どもも提供者も地域に暮らす住民であり，同じ立場として理解が得られやすかったこと，地域で子どもを支援するという価値観が共有されやすいことなどから，対等性の実現につながりました。

しかし，同じ地域を強調することには危うさもあります。同じ地域という均質な価値に満たされた関係を共同性（齋藤，2000）とすれば，共同性の過剰な強調は排除にもつながりかねません（猪瀬，2020）。同じ地域の子どもは助けるが，他の地域のことまでは手が回らないといった見方を黙認することになってはならないと思います。

　一方，互いに関心をもつことで生まれる関係性を公共性とするならば，これまで対立しがちであった共同性と公共性を，子ども食堂という活動はうまくつないでいるともいえます。子ども食堂は，共同性に支えられた公共性の場として機能しているのです。さらにいえば，子育ては家族の問題として共同性の枠の中に閉じ込められてきましたが，これを地域で支えるという公共性の中に開いていくことにもつながっているのではないでしょうか。

　また，子ども食堂は，居場所とともにある人生の種蒔きの場ともなります（小松・高野，2023）。居場所の必要性をなんとなく感じていても孤独を感じる人々にとって，居場所の具体的なイメージがなければ，実際の利用には結びつかないでしょう。子ども食堂は，居場所のあり方をわかりやすく具体的に示しています。子ども食堂を経験した人々は，将来自分が子育てを行うときに，子ども食堂等の居場所を利用することへの抵抗感は少なくなるはずです。つまり，10〜20年後の地域社会には，居場所の実態をよく理解している人々が，現在よりは増えていることが予測されます。個々人の生涯の中で，集まる機会が増えていくことの効果は決して小さくはないと考えられます。

　居場所は確かに社会的孤立，孤独を軽減する機能をもっています。しかし，母子世帯の経済的困窮といった子どもの貧困の原因となる社会構造的な問題を放置したままでは，根本的な問題解決にはつながらないと思います。子ども食堂は地域社会で自発的に維持され，多様な人々の対等な関係を形成する仕組みであること，そして，社会構造的な問題には制度的な対応を図るべきことを，福祉社会学的な分析に基づいて提示していくことが必要です。

（3）今後の発展性について

　子ども食堂をはじめとするさまざまな居場所を対象とした社会調査が実施さ

れ，得られた知見に基づいてさまざまな支援等が行われています。最後に，福祉社会学の方法である**社会調査**について考えてみましょう。社会調査によって得られた正確な現状分析に基づいて，あり得る将来展望を提示することが社会学のひとつの役割です。社会調査は，福祉社会学のみならず社会学の重要な方法です。

しかし，社会調査はすべての人々を対象にできるわけではありません。児童虐待被害に巻き込まれる乳幼児，重い認知症を抱えている高齢者といった，自らの意志をうまく伝えることができない人々の抱える困難を把握するためにはどうすればよいでしょうか。また，社会的に弱い立場にある人々への差別状況の中で，被害を避けるために社会調査を拒否する場合もありえます。前者は身体的，精神的要因であり，後者は社会的要因ともいえますが，声を上げる必要に迫られているにもかかわらず，何らかの要因によって声を出せない状態に置かれている人々に対する社会調査のあり方が問われています。福祉社会学の方法として声を出しづらい人々への社会調査の抱える問題に，調査者は自覚的であることが求められます。どのような対象者が，なぜ対象から外れて（あるいは，外されて）いくのかを考えておく必要があります（高野，2020）。

誰もが対象となることのできる社会調査のあり方を，ユニバーサルデザインの観点から検討することが課題といえるでしょう。

〔高野 和良〕

＼ **考えてみよう** ／

1. 地域社会に居場所をつくるとしたら，何を目的とし，どのような個人や組織を仲間に加え，どこに開設し，どんな活動を行いますか。できれば予算確保策もあわせて考えてみてください。

2. 自身が困っていることに気づいていない人々に，居場所に参加してもらうには，どのような工夫が必要でしょうか。移動困難などの物的な障壁と，人の世話にはなりたくないといった認知的，心理的な障壁の両面から考えてみてください。

工学からみたユニバーサルデザイン

(1) より良い公共空間の探求

　工学は，知識を社会に適用する学問分野です。同じ自然科学の中でも，理学が自然現象の解明に力点を置くことに対し，工学は明らかとなった知識を適用し，社会をより良くする技術を生み出すことに力点を置きます。工学の領域はとても幅広く多岐にわたります。ここでは，土木に代表される公共空間の領域に限定して説明します。公共空間では，建物，広場，地域，都市，国土といったさまざまなスケールで，より良い社会を実現するための技術が探求されてきました。災害や事故，犯罪等に対する安全・安心を確保する技術や，生活の利便性・快適性を向上する技術，自然環境や生態系を保全する技術や，さらには，地域の風土や誇りを喪失せず継承する技術といった諸々の科学技術です。特に近年では，人のための公共空間のあり方が重視され，そのための技術が探求されています。徒歩や自転車が主な移動手段となる街は健康的ですし，人と人が出会い交流する場が多い街は心が豊かになるでしょう。このような社会のウェルビーイングに貢献する公共空間の実現が求められています。

　人のための公共空間の実現には，人が暮らす都市や街の**地域性**を尊重することが重要です。地域性とは，その地域の歴史，文化，景観，自然，生業，暮らし等が積み重なって醸成されるもので，ひとつとして同じものはありません。多様な地域性を尊重し，一般解ではない地域ごとの1つひとつの特殊解を探求する公共空間づくりが進められています。

　鹿児島県の中山間地域に整備された「やまだばし思い出テラス」は，ユーザーである市民が参加し，地域の歴史・文化と生活風景を継承した豊かなオープンスペースが創出された小さな公共空間の一例です（図1）。この地域には清流・

山田川が流れ，90 年近く市民に供された山田橋が架かっていましたが，この古い橋梁は老朽化に伴い撤去されました。撤去後に残る道路残地は，一般的にアスファルト等で舗装され空地となることが多いですが，都市のヴォイド空間として活用が期待できる貴重なスペースです。山

図1　やまだばし思い出テラス

田橋の撤去に際して，この地域では小学校を舞台に山田橋の労をねぎらう各種の世代間交流の場が設けられました。子どもとお年寄りが一緒に橋の歴史や地域の文化を学び，橋と共に過ごした生活の記憶がたどられました。その後，地域性の継承を望む市民の声を尊重して山田橋の高欄と親柱が保存され，撤去後の残地に新たに整備された緑地のオープンスペース「やまだばし思い出テラス」に移築されました。やまだばし思い出テラスは，歴史的土木施設の保存・利活用により生活風景の損失を緩和するとともに，道路の残地空間を地域の豊かな生活空間に変えたものです。今では，山田川を望む緑地のテラス空間として市民の憩いの場となっています。このような地域ごとの特殊解を探求した小さな公共空間の充実が，社会全体でのより良い公共空間の形成につながります。

(2) ユニバーサルデザインとの関連や取り組み

　空間において，障害の社会モデルにつながる考え方は，バリアフリーの概念から始まったといってよいでしょう。バリアフリーは，障害者や高齢者等の社会参加における障壁（バリア）を除去する（フリー）ことを意味します。今では一般的となったこの言葉は，1974 年，国連障害者生活環境専門家会議の報告書「バリアフリーデザイン」（BARRIER FREE DESIGN）で示され社会に普及しました（International Society for Rehabilitation of the Disabled, 1974）。この報告書では，多くの人が制約された生活を強いられているのは身体もしくは精神障害によるのではなく，人がつくり出した障害物によるのだという考え

　が示されており，まさに障害の社会モデルに通じる考え方といえます。同書では，肉体的に最もよく社会に適応できる壮年期の男性として「ミスター・アベレージ」という架空の人物像が示され，実際はわずかしか存在しないこの人物の要求だけを満足させる当時の公共空間の課題が指摘されています。

　1980年代に，建築家のロナルド・メイスによってユニバーサルデザインの概念が提唱され，個々の能力や状況にかかわらず，すべての人が使いやすい環境づくりが指向されました。既存のものを改修して障壁を取り除くのではなく，初めから誰もが使いやすい障壁のないものをつくるというユニバーサルデザインの考え方は，公共空間においても適用され多くの実践が進められました。

　例えば，車いす利用者に配慮して階段の脇にスロープを付け加えるのではなく，階段とスロープを一体化したストランプ（stramp）という構造があります。ストランプとは，ステップ（step）とランプ（ramp）を組み合わせた造語ですが，1つの構造で2つの機能をあわせもつものであり，ユニバーサルなかたちの一例であるといえるでしょう。このかたちは，建築家のアーサー・エリクソンと造園家のコーネリア・オーベルレンダーにより，カナダのロブソン・スクエアで初めて社会に示されました。バンクーバーの中心に位置するロブソン・スクエアは，大都市の森としてヒューマンスケールに配慮してつくられた公共空間です。広場の大階段をジグザグに分節するストランプは，車いすの通行を可能にするだけでなく，大きな階段の圧迫感を緩和しています。このように，障害者への配慮にとどまらない，より多くの人にとって優しいユニバーサルデザインの実践が公共空間において進められています。次に具体的な事例を5つ紹介しましょう。

1）まるで木琴!?　車道と違う音が鳴る木製バリアフリー歩道

　この歩道の特徴は，視覚障害者が白杖で路面を叩いた音で，車道と歩道を識別できることです。視覚障害者の屋外歩行で最も危険なことのひとつは，誤って歩道から車道に飛び出してしまうことです。細い線状の視覚障害者誘導用ブロックは，障害物等により一旦見失うと復帰が難しく，最悪の場合車道に飛び出してしまいます。「木製バリアフリー歩道」は，車道の一般的な舗装材料であるアスファルトやコンクリートと比べて音響特性が大きく異なる木材を歩道の

舗装材料に用いることで，白杖の打音の違いにより視覚障害者が歩車道境界を識別できる安全な歩行空間を実現したものです（図2）。柔らかい木材で構成した歩道は，脊髄損傷者など路面からの衝撃に苦痛を伴う車いす利用者に優しく，また，熱伝導率が低い木材は夏日の路面温度

図2　木製バリアフリー歩道

の上昇を抑え，路面に近く低い位置にいるベビーカーの赤ちゃんや，直に路面に足が触れるペットなど，多様な利用者に優しい歩道です。

2）運転が苦手でもらくらく駐車できるドライブスルー型駐車場

　肢体不自由者にとって，自動車による移動は公共交通機関の不便さを回避し，身体的・精神的な負担を軽減します。脊髄損傷者は，頭部の回転が難しく振り返ることができないため，運転時はサイドミラー等を頼りに方向転換を繰り返して後進します。駐車時に後進が不要であれば，脊髄損傷者ドライバーの快適性は大きく向上します。また，車両からの乗降時において，車いす利用者は健常者よりも広いスペースを必要とします。特にスロープやリフトを用いる福祉車両からの乗降は，車両後方に安全で大きなスペースが必要となります。「ドライブスルー型駐車場」は，駐車時に後進を必要とせず，前進で入庫し前進で出庫できる駐車場です（図3）。車両後方のスペースも大きく確保できるため，安全に乗降できます。後進を必要とせず見通しの良い駐車場は，高齢者や健常者に対しても駐車行動の容易性や快適性を高め，事故の減少が期待できます。ドライブスルー型駐車場は，肢体不自由者だけで

図3　ドライブスルー型駐車場

なく多くの人のQOLを高めるインクルーシブな駐車場です。

3）異なる障害のコンフリクトを和らげる空間

　皆さんは日常生活であまり気にしないかもしれませんが，歩道と車道の境目には，境界線を示すためにコンクリート製の歩車道境界ブロックが敷設されています。このブロックは歩道と車道に段差を生じるもので，高いところでは15cmの段差となり車いすで乗り越えることは不可能です。近年，車いす利用者の移動に配慮して，横断箇所では歩車道境界の段差を2cmまで低減したブロックが敷設されています。しかし，それでも段差を通過するときに車いすの前輪が大きな衝撃を受けて最悪の場合は転倒する危険性があり，車いす利用者からは段差のさらなる低減が求められています。一方で，歩車道境界の段差は視覚障害者にとっては歩道と車道の境界を識別するとても大切な手がかりとなっています。2cmの段差は，視覚障害者が識別できる最低限の高さです。歩車道の境界がわからず誤って車道に飛び出した場合，生死に関わる大きな危険性がありますので，境界線を識別できる十分な情報が必要です。車いすの衝撃を緩和し，視覚障害者の識別性を確保する歩車道境界ブロックの開発が現在進められています（図4）。みんなが使う公共空間は，多様なユーザーのニーズを共に満たす設えが求められます。

図4　新しい歩車道境界ブロック

4）ひとりになって落ち着けるソロ空間

　空間のユニバーサルデザインは，もちろん身体障害のみが対象ではなく，精神障害や知的障害，発達障害も対象になります。例えば，他者との関係性に疲れたとき，ひとりになれる時間や空間が欲しいと感じたことは，誰しもが一度はあるでしょう。発達障害者は，聴覚や視覚，嗅覚など感覚刺激に敏感になることがあります。また，人の視線や話し声がとても気になり落ち着かなくなる

ことがあります。そのようなときに，少しひとりになって落ち着ける空間として，カームダウン・クールダウンルームや，センサリールームの開発が進められています。このような居心地の良い空間は，障害者に限らず誰もが必要とするものであり，障害者はより繊細な感覚でニーズを検出できるリードユーザーであるといえます。

5）共生社会への気づき，共感に寄与する空間

　真のバリアフリーは物理環境の充実だけでなく，心のバリアフリーにより完結すると述べた障害当事者がいます。空間のユニバーサルデザインは，施設設備を対象としたモノの提供にとどまらず，共生社会の実現に向けた気づきや共感につながるコトの創出が必要でしょう。取り組みのひとつとして，障害者アートの活用が挙げられます。障害者アート作品は，力強さや静けさ，楽しさなど，観る者にさまざまな印象を与えます。このような障害者アート作品に日常的に触れることができる展示空間の創出は，人の多様性に対する理解の広がりにつながることが期待できるでしょう（図5）。

図5　障害者アート展示空間

（3）今後の発展性

　公共空間はすべての人のための空間ですので，ユニバーサルデザインの深化はより多くの人の生活を豊かにします。デザインの分野ではリードユーザーとして障害者がデザインプロセスに参加するコ・デザイン，コ・プロダクションの取り組みが始まっており，近年市民参加型整備が定着してきた公共空間においても取り組みの広がりが望まれます。障害者のリードユーザーとしての参加は，障害者自身のエンパワメントにつながることが期待できます。

　一方で，公共空間は個人の特性に合わせたオーダーメイドの取り組みが難し

い領域です。社会インフラとしての基盤的機能を向上しつつ，個人への対応はAIやIoT等の情報技術領域との連携に期待が寄せられています。

　いま支援の関係性において，支援する・されるという能動・受動の姿勢ではなく，そのどちらでもない**中動態**の姿勢が議論され始めています。公共空間においても，支援する・されるの利用が明確に区分された空間ではなく，双方の利用形態にかなうゆるやかな空間デザインの試行が期待されます。かたちのデザインにとどまらず，その場所がもつ文脈を踏まえた意味のデザインが，中動態の空間につながるかもしれません。ぜひ皆さんも考えてみてはいかがでしょうか。

〔羽野 暁〕

考えてみよう

1. みんなのための公共空間において，障害者個人に優しいインクルーシブな環境を実現するには，どのようなアプローチがよいでしょう。
2. 障害を基点に公共空間をつくると，どのようなイノベーションが考えられるでしょう。

16 法学からみたユニバーサルデザイン

(1) 法と法学について

　「社会あるところ法あり」。人々が社会で生活していこうとすれば，そこに一定のルールが必要になります。そのルールの一部は「道徳」として社会構成員に内部化される場合もありますが，ルールの遵守を確実にしようとする場合には，**法**の形をとることが多くなります。「法」の中心は今日，権限を有する機関が正当な手続きを踏んで文章の形で成立させた制定法（実定法）であり，国会がつくる「法律」や地方公共団体の議会がつくる「条例」等がその例です。法は，最低限度の社会秩序の維持，紛争の解決，調整問題の解決，望ましい理念の実現等，各種の目的を達成するためにつくられ，日々，運用されています。そうした法の知識や，その基盤にある法的なものの考え方を扱っているのが**法学**という学問です。法学研究者の相当数は，現に存在する制定法の意味をさまざまなアプローチによって明らかにし体系化する「法解釈学」を専門にしており，彼らはまた，そうした研究の中で把握した現行法の不備・不足を補うべく，必要な法整備を具体的に提唱することもあります（立法論・法政策）。

　ところで，「各種の目的を達成するために法が制定される」と説明しました。社会から殺人事件をなくすことを目的として，刑法が殺人罪の規定（刑法199条）を設け，死刑を含む刑罰を用意していることを想起すれば，このことは十分理解してもらえることでしょう。読者の皆さんは，「法」をイメージするとき，義務を課し，その義務違反にペナルティを科す上記の刑法規定のようなものを思い浮かべるのではないでしょうか。しかし，実際の法をみると，目的を達するための「手段」として，法的義務は課すもののペナルティは用意しないもの，努力義務だけを課すもの，市民ではなく国や地方公共団体にのみ責務を課すも

の，理念を謳うだけのものなど，さまざまであることに，予め注意を促しておきたいと思います。

(2)　ユニバーサルデザインと法

1)　法の目指すもの

　ユニバーサルデザイン（以下，UD）の考え方にとって重要となるのが，障害に関する社会モデルであり，日本の法もそのとらえ方を取り入れています。すなわち，**障害者基本法**は，障害者を「身体障害，知的障害，精神障害（発達障害を含む。）その他の心身の機能の障害……がある者であつて，障害及び社会的障壁により継続的に日常生活又は社会生活に相当な制限を受ける状態にあるもの」（2条1号）と定義し，disabilityの原因を当人の機能障害にのみ求める視座を採っていません。ただし，こうした定義になったのは同法の2011年改正によってであり，それまでは医学モデルにだけ依拠したとらえ方を採用していました。かかる転換の背景には，社会モデルを前提とした**障害者権利条約**の影響があります。日本政府は2007年にこの条約に署名し，2014年に締結に至りましたが，その間，条約の内容と矛盾しないように国内法の整備が進められ，その一環として，先述したように障害者基本法が改正されたほか，後に紹介する**障害者差別解消法**等が制定されました。ちなみに，この障害者権利条約の中には，締約国に対して，UDの製品・サービス・設備および施設の研究・開発，その利用の促進，各種基準・指針を作成する際のUDへの配慮等を求める条項が存在します（4条1項(f)）。したがって，日本政府は，抽象的にではあるものの，国内においてUDの普及・促進を図る責務を負っていることになります。

　そもそも法は，根源的には，人々が社会において共に生きるためのものだといえます。しかも，ただ命を保てばよいというレベルではなく，自身の人生の設計者兼主人公として，それぞれが自分らしく，自らの可能性を発揮して生きていくことを可能とする社会を構築するものであるべきです。そうした理念の一端は，「すべて国民は，個人として尊重される。生命，自由及び幸福追求に対する国民の権利については……国政の上で，最大の尊重を必要とする」と定める日本国憲法13条に反映されているとみることができます。社会的障壁による

disabilityによって自らの可能性を十全に発揮できないことは，この理念の実現が妨げられている状態といえますから，法を用いてその障壁をひとつひとつ除去し，障壁を感じないUDの製品・施設・サービス等を普及させていくことは，憲法とも矛盾のない正当な取り組みといえるでしょう（内野，2016, p.86）。

　UDと法との関係を具体的に探るとき，2008年に内閣府が「バリアフリー・ユニバーサルデザイン推進要綱」を定めて政策の方向性を明らかにし，2018年には**ユニバーサル社会実現推進法**（正式には「ユニバーサル社会の実現に向けた諸施策の総合的かつ一体的な推進に関する法律」）が制定されていることが注目に値します。後者の法1条では「この法律は，全ての国民が，障害の有無，年齢等にかかわらず，等しく基本的人権を享有するかけがえのない個人として尊重されるものであるとの理念にのっとり，障害者，高齢者等の自立した日常生活及び社会生活が確保されることの重要性に鑑み……ユニバーサル社会の実現に向けた諸施策を総合的かつ一体的に推進することを目的とする」と謳っています。同法は「ユニバーサル社会」を「障害の有無，年齢等にかかわらず，国民一人一人が，社会の対等な構成員として，その尊厳が重んぜられるとともに，社会のあらゆる分野における活動に参画する機会の確保を通じてその能力を十分に発揮し，もって国民一人一人が相互に人格と個性を尊重しつつ支え合いながら共生する社会」と定義し（2条1号），社会的障壁の除去や社会におけるあらゆる分野への参画機会の確保等を実現するための諸施策を推進する責務を国や地方公共団体に課しています（3, 4, 6条）。一方で，事業者や国民については，「ユニバーサル社会の実現に寄与するように努めなければならない」（5条）と努力義務にとどめています。ちなみに，この法律は「障害者，高齢者等にとって利用しやすい施設及び製品」の普及に触れつつも（11条），「ユニバーサルデザイン」という単語は用いていません。むしろ，製品・建築物・教育等についてのUDを超えて，より広く，社会制度や心のUDまで包含した社会一般のユニバーサル化を，実現すべき方向性として示しています（2条3号，8条等参照）。なお，この法律は，主として，理念を示して国や地方公共団体に推進を働きかけるにとどまっており，UDの社会実装に直接の効果をもたらすものとはなっていないことに注意が必要です。

2) バリアフリーの法制度

　UDに先立って法が取り組んだのが「バリアフリー」の実現でした。バリアフリーとUDとはその理念において相違がありますが，予めバリアを取り除いた建築物が設計され新築されるのであれば，それはUDの取り組みととらえてもよいでしょう。したがって，バリアフリーに関する法的取り組みの歴史は，UDに関するそれとも重なることになります。国内では，1994年制定（2002年改正）のハートビル法により，不特定多数の者ないし高齢者や身体障害者が主に利用する一部施設のうち，特に大規模なもの（特別特定建築物）に対して，政府が定めるバリアフリーの基準（移動等円滑化基準）に適合するよう努力する義務が課せられました。他方，特別特定建築物を新築，増改築する場合には，バリアフリーの基準に適合したものでなければならないこととされ，この義務に違反した場合，行政からの是正命令が発せられ，それに従わないと罰金が科せられる仕組みです。なお，多数の者が利用する学校等の特定建築物を新築する場合にもバリアフリー基準適合の努力義務が課せられることになりました。2000年には，旅客施設の新設または大規模改良時，新車両導入時にバリアフリーの基準に適合するよう交通事業者に義務づけた交通バリアフリー法が制定され，さらに2006年には，2つの法律を統合し，一層の充実を期した**バリアフリー法**（正式には「高齢者，身体障害者等の移動等の円滑化の促進に関する法律」）が成立し，役務提供方法に関するソフト基準の遵守も公共交通事業者の法的義務とする等の数次の改正を経て，現在に至っています。一連の法制定や改正の背景には，「移動する権利」や「公共空間・公共施設へのアクセスの権利」（参照：tenBroek, 1966；植木，2011）が意識されているようです。さらには，地方自治体の中にはUDに配慮したまちづくりを進めるべく，ユニバーサルデザイン条例を制定しているところもあります。このように20年余にわたり，法律で義務づけを行ったり，また，国や地方公共団体がバリアフリー化に対する補助金等の支援措置を講じたりしてきた結果，少なくとも公共性を有する施設のバリアフリー化は，徐々にではあれ，それなりに進んできたといえます。

3) アコモデーションとユニバーサルデザイン

　障害者権利条約がUDと共に締約国に求めたものに，「合理的配慮

（reasonable accommodation）提供確保のための措置」があります。日本は，障害者基本法の2011年改正で**合理的配慮**の不提供を差別の一種ととらえる姿勢を明らかにし，さらに，2013年に制定された障害者差別解消法の中で，障害を理由とする不当な差別的取扱いの禁止に加えて，事業を行うにあたって，障害者からの意思の表明があった場合に，社会的障壁の除去の実施について必要かつ合理的な配慮を，過重な負担でない限度で提供する義務を盛り込みました（2016年施行）。合理的配慮の提供は，現在，国，地方公共団体，国立大学法人等に対しては法的義務とされる一方，民間の事業者には努力義務に止められています（7，8条）。しかし，2021年の法改正で事業者も法的義務の対象にされることが決まり，2024年4月1日に施行される予定になっています。この法律は合理的配慮の不提供に罰則を用意してはいませんが，事案によっては損害賠償責任が発生することが考えられます。今後，同法に基づいた配慮事例の蓄積やUDの普及により，障壁のない（or少ない）サービス等が広く提供されるようになれば，合理的配慮を求めなくても済むようになる場面は多いことでしょう。しかし，個々の特性に応じた調整・便宜・配慮が必要とされる局面は消滅しないものと想像され，合理的配慮とUD，それぞれの取り組みは継続して進めていかなければならないものと考えられます。

（3）ユニバーサルデザインと自由

　こうして見てくると，法がUDのために強制的な手段を用いているのは，高齢者・障害者用福祉施設のほかに，不特定多数が利用する建築物や公共交通機関等，一部の公共的な施設の設計に限定されていることが理解されます。UDの普及が望ましいことは衆目の一致するところのはずなのに，なぜ一部に止まっているのでしょうか。

　近代自由主義国家においては，市民・民間企業の（消極的）自由への制限は，必要最小限度に止められるべきと考えられてきました。例えば，狭小な2階建てマイホームにもエレベーターの設置を義務づけるとか，車いす利用者が乗れる設計をスポーツカーにも完全義務化するなどすれば，財産権の自由な行使，デザインの自由，営業活動の自由等を一部制約するものと評価されることになり

ます。今日の日本法がUD関連の領域で，国や地方公共団体にのみ責務を課したり，義務の対象をそれらに加えて公共性を有する施設に限定したりしている背景にはこの考慮が控えていると考えられます。加えて，「刑罰法規の謙抑性・補充性」という法学の基本原理との兼ね合いも問題になります。刑罰は人の自由や財産を奪い，犯罪者としての烙印を押す極めて強大な権力の行使です。それゆえ，刑罰を科すのは最後の手段として，できるだけ必要最小限に止められるべき，と近代以降の法学は考えてきました。刑罰に値する行為と解される第一のものは，他者の法律上の権利利益を故意に害するものです（危害原理）。しかし，UDでない製品やサービスしか提供しないことがそれに匹敵するとは（少なくとも今日の法学界の理解では）考えづらく，したがって，罰則を用意してまでUDを強制することには慎重にならざるをえません。UDの普及のため，現実に国・地方公共団体が採り得る手法には，強制や刑罰のみならず，JIS規格や補助金を使って民間を誘導したり，教育・啓発に努めたりといろいろなものがあり，それらをうまく組み合わせていくことが大切です。

　「UDと自由」についてさらに考えてみます。今日，表現の自由，移動の自由，職業選択の自由，政治に意見を届ける権利等は，基本的な権利として誰もが享有するものと考えられています。しかし，社会的障壁に直面している人にとっては，他者から意図的にそれらの行使を妨げられないというだけでは，実際には，その行使が困難であることもしばしばです。他の社会構成員の多くが普通に可能なことを同じように行える（あるいは，行わないと任意に選択できる）だけの条件が整っていなければ，形の上で等しく権利・自由を保持していても，真に「自由がある」とは言い難いわけです。こうした実質的な機会の側面を重視するのが**ケイパビリティ・アプローチ**です。ケイパビリティ（可能力）とは，権利・自由や収入といった「財」によって人々が実際に実現できること（機能）の組み合わせを達成する潜在的能力，換言すると，実質的な選択の幅を指します（セン，2011）。M・ヌスバウム（Martha C. Nussbaum）は，「すべての市民には，あらゆる可能力の適切な閾値レヴェルまでの権原が，正義によって与えられている」（ヌスバウム，2012, p.193）と述べ，生命，健康，感覚・想像力・思考，実践理性，連帯，自身の環境の管理等10項目のケイパビリティを挙げながら，それらを皆が一定レベル以上に確保できていることが正義に適うの

であり，disabilityを抱える人々のそれについては閾値まで引き上げる努力が政治的に求められると論じています。UDとの関連でわかりやすい部分を挙げるなら，10項目の中には「身体のインテグリティ」が含まれ，その内包には「自由に移動できること」があります。彼女は，車いす利用者に金銭を与えるだけではケイパビリティにとって不十分であり，公共スペースを再設計し，そこへの適切なアクセスを確保することが必要であって，そうした障壁の除去によって，disabilityを抱えている人々の能力が適切な閾値レベルで機能することができるのだ，と言っています。こうした理解からすれば，自由のためにこそバリアフリー・UD・合理的配慮に取り組むべきことになりますし，また，規範理論としてそうした取り組みを政治的・法的に後押しする根拠を提供することにもなるでしょう（さらに発展的議論として，Stein & Stein, 2007 を参照）。

　本章はここまで主に障害者に焦点を当てて論を進めてきましたが，UDの議論は，高齢者，子ども，妊婦，非日本語話者，女性，LGBTQ＋等の直面する社会的障壁に対しても目配りが必要です。「UDと法」という補助線は法領域横断的な横串として，「ユニバーサル社会」「共生社会」の実現に向けた法的な課題の解決に，新たな視覚を提供しているように思われます。

〔梶原 健佑〕

＼　考えてみよう　／

1. アメリカには，連邦政府機関に対して，disabilityを抱えた職員も他の者と同等の情報アクセスを確保できるように，IT機器を調達する際には，アクセシブルな製品を選ぶこと等を義務づける連邦法（リハビリテーション法508条）が存在します。その仕組みや波及効果について調べ，日本への導入の是非を考えてみましょう。
2. 「機会の平等」と「条件の平等（or機会の実質的平等）」という概念について調べ，UD（さらには合理的配慮）との関係性について考えてみましょう。

17 人類学からみたユニバーサルデザイン

　人類学（Anthropology）という言葉はそれなりに長い歴史を担っていますが，現在のデザインと結びつくような**文化人類学**はポーランド出身の人類学者ブロニスワフ・マリノフスキー（Bronislaw Malinowski）の『西太平洋の遠洋航海者』（1922）を嚆矢として確立しました。

　本章では，まず100年前に生まれた文化人類学が，何を目標としてどのような方法で対象にアプローチしてきたのかを確認しましょう。次に，その文化人類学が，デザインとどのようにつきあってきたのかを確認します。そうして，私自身がこれまで授業で行ってきたワークショップの体験から，これまでのユニバーサルデザインの議論に寄与したいと思います。

(1) 文化人類学の目標と方法

　マリノフスキーが現在のデザインと結びつくような現代文化人類学の始まりとみなされるのは，『西太平洋の遠洋航海者』で現在の文化人類学の基本的な目標と方法を定式化し，それを後の人類学者たちが受容し続けてきているからです。まずはマリノフスキーが当時，その目標や方法をどのように規定していたのかを見てみましょう。

　　「この目標は簡単にいうと，原住民のものの考え方，および彼と生活との関係を把握し，彼の世界についての彼の見方を理解することである。……（中略）これらの人々が何をよりどころに生きるかを感じとり，彼らの幸福の実質が何であるかを理解したいという気持ちをもたずに，彼らの制度，習慣，法律を研究したり，行動や心理を調べることは，私にいわせれば，人間の研究から期待し得る最大の報酬を失うことである」（マリノフスキー，1980/1922:93）

　ここでマリノフスキーの言う「彼の見方（native's point of view）」と対極にあるのが，この『西太平洋の遠洋航海者』の読者に想定されている西欧を中心とする英語圏の読者であったと言えるでしょう。西欧に西太平洋の人々がどう映っているのかではなく，むしろ西太平洋の人々の目に彼ら自身がどう映っているのかの理解を通じて，彼らの幸福の実質を理解しようとしたのです。

　では，どのような方法で「彼の見方」を把握し，理解したことをどのように伝えるのでしょうか。それが文化人類学の2つの方法，調査方法としての**参与観察**（participant observation）であり，表現方法としての**エスノグラフィー**（ethnography）になります。

（2）参与観察とエスノグラフィー

　文化人類学者は自分たちとは異なった言語を話し，自分たちとは異なった生活を営む人々の「見方」を理解しようとしますが，そのやり方は簡単ではありません。そのことは，私たちが中学校から英語を学んでいてもなかなかうまく話せないことひとつを思い返してみるだけでも想像がつくでしょう。

　加えて，人の言語は自分のことを十全に説明できるほど万能ではありません。私たちは普段，日常生活が不便なく営まれる程度に会話をしていますが，例えば皆さんが今読んでいる本書を閉じて周りを見回してみてください。そして今自分がいる日時や場所，周囲にいる人たちが何をどのようにしているのかを語ろうとすると，言葉にできないことはないでしょうが，聞き耳を立てたときの音や刻々と変化してゆく色，空気の流れや指先で感じている触感など，とても説明しきれません。

　したがって文化人類学では，本格的に異民族を研究する際には2年ほどかけて現地の言葉で会話できるようにし，また現地の人間でも説明しきれない日々の生活の仕方を観察するように努めます。これを参与観察といいます。

　こうして日々参与観察をし，その体験をノートし，写真に収め，近年ならボイスレコーダーに記録したり，動画に撮影したりもします。このように記録したノートをほぼ2年間毎日つけてゆくのです。ですがこうして積み重ねられた2年分のノートがいかに膨大なものかを想像してみてください。2年分なら730

日分の観察記録ですが，「彼の見方」を学ぶにはあまりにも長い読み物になることでしょう。

　そこでエスノグラフィー（民族誌）という表現方法が練り上げられることになったのでした。具体的には，読者が自らとは異なった「彼の見方」を深く理解できるように，環境，経済，社会，宗教などの項目を包括的にまとめて書いてゆくやり方を共有するようになったのです。

　こうして，「彼の見方」の理解を目標とした2年間にわたる参与観察を行い，また「彼の見方」を伝えることを目標としたエスノグラフィーを書くことが，文化人類学者の基本的な研究方法となったのです。

(3)　文化人類学とデザインの邂逅

　こうした目標と方法をもって，文化人類学者は西欧以外の人々の文化におけるデザインを長く研究してきました。けれどもこの文化人類学の目標と方法が，社会学に導入されて自分たちと同じ言語を話す人々に適用され，戦後しばらくして消費社会時代に入ると，利用者の使用者体験（user experience）を理解しデザインするために参与観察とエスノグラフィーが適用されるようになってきました（Murphy, 2013；テット，2022/2021）。

　こうした文脈での参与観察は，古典的な参与観察とは異なり，1週間程度の短期間で行うためショート・エスノグラフィーとも呼ばれますが，こうして，文化人類学の参与観察とエスノグラフィーがデザインに寄与するものとして研究史に登場してきたのでした。現在では，文化人類学とデザインの組み合わせは，日本でもひとつの確かな潮流になっていると言っても過言ではありません（安藤，2016；北川ら，2020；飯嶋ら，2022）。

　自らとは異なる言語を話し生活を営む者たちへの西洋からの視点に対して，現地人の視点を理解することを目標とした文化人類学の参与観察とエスノグラフィーが重要であったように，生産者の視点ではなく，消費時代の利用者の視点を理解するための参与観察とエスノグラフィーが重要性を増してきたのです。

(4) 授業「ユニバーサルデザイン研究」

　こうした文脈があるため，私がユニバーサルデザインの授業を担当するとき，教室で必ずと言ってよいほどやってもらう課題があります。それが**閉眼歩行**（blind walk）という課題です。

　これはいきなり正しいゴールとしてのユニバーサルデザインを教えるのではなく，これまで学生たちが障害という言葉で自らとは異なる存在だと判断してきたものに対して，現実的な入り口に立ってもらうために行います。障害といってもさまざまな障害がありますが，大学の授業内で根源的隠喩（root metaphor）として身につけてもらうために，私が学生たちに課してきたのがこの閉眼歩行なのです。

　視覚障害の参与観察とエスノグラフィーとしては，以下の一連の課題をやってもらい，1つひとつの課題ごとにショート・エスノグラフィー・ノートを取ってもらいます。

①自らの視覚が失われたら生活がどのように変わると思うかを想像して，ノートを書いてもらいます。
②着席しているその場で閉眼してもらい，居場所を動かさずに，顔をさまざまな方向に向けたり，手で机の上を探ってもらったりするなど，その場でできる行為を行ってもらいます。
③2人1組になり，1人は閉眼して5分ほど教室の外まで歩き，もう1人は開眼して閉眼歩行者につき添い，他人にぶつかりそうになったりして危なそうなときには（言葉を発せず）閉眼歩行者の肩の辺りを止めます。
④最後に②や③での体験に基づいて，教室がどのようになっていればより居心地の良い空間になるのか，デザインを考えてもらう，というものです。

　こうして4つのステップを踏むと，数十分のうちに世界の見方が変わります。まず①の外部から想像した世界と，自らが参与観察した②や③の世界のギャップがいかに大きいかに気づくことになります。

　例えば①でよくある意見が，閉眼前は眼を瞑り視覚を失ったら怖くて一歩も動けなくなるのではないか，というものです。ところが実際には，②の課題で閉眼しても明かりは感知できたり，机を叩く手の音が他人を把握する手がかりになったり，③の課題で身体の向きを変えると明るい方向と暗い方向がわかったり，教室の内外で頬に当たる空気の流れの変化を感じて閉鎖空間から解放空間に出たことがわかります。普段視覚を使用していると気づけないのですが，閉眼することで現れる感覚や手がかりがあることに気づくのです。そうやって使える資源（resources）に気づけたなら，その資源が十全に潜在力を発揮できるように環境をデザインすればよいでしょう。人によっては，歩行誘導ブロック（いわゆる点字ブロック）を求めるかもしれないし，手すりの設置を求めるかもしれません。また別の人は歩行介助者を求めるかもしれないし，音声による誘導アプリケーションを求めるかもしれません。あるいは，音による空間のデザインや，テクスチャの異なる壁による空間のデザインを思いつくかもしれません。

　①では視覚を失ったら何もできないと思い込んでいましたが，②や③を行うことで視覚障害の外側からの見方を一歩脱します。むしろ，自らが使用できる環境資源の存在に気づき，その資源の配置のさせ方を再考すれば，環境は一歩歩み寄って，生きていくことを支えてくれるようになります。「障害」というものも，単に身体機能の問題ではなく，その周囲にある環境の問題があって，環境と身体のマッチング次第で障害が可視化したり不可視化したりすることに気づくようになるのです。前者は障害の「身体（医療）モデル」と言われ，障害の原因を身体に求める障害観であり，後者は障害の「環境（社会）モデル」と言われ，障害の原因をその人の周囲にある環境に求める障害観です（星加，2007）。大事なのは，こうしたことの知識を得るだけで終わらせずに，自らを参与観察に投じてショート・エスノグラフィーにし，その体験をデザインに転化させるというこの文化人類学の一連の方法を身につけてもらうことです。そうすれば授業の後も，この体験を根源的隠喩として，自らのその後の人生で諸方面に適用可能なものとして持ち帰ってもらえることでしょう。

　実際にはここで体験していることは，例えば先天性の視覚障害が体験していることとは異なるのですが，このように自らの身体を使って参与観察とエスノ

グラフィーを実践し，「彼の見方」から少しずつユニバーサルなデザインに接近できるということを身につけてもらうことが大切なのだと考えています。

(5) 「ユニバーサル」なものとのつきあい方

さて，前章で「いきなり正しいゴールとしてのユニバーサルデザインを教える」のを避けたことには，実は文化人類学の根本に関わる意味があります。そこには「ユニバーサル」なものへの文化人類学なりの慎重なつきあい方があるのです。

文化人類学が「文化（culture）」を大事にするようになった淵源のひとつはフランス「文明（civilization）」の啓蒙主義にあったといわれます。フランス文明の自由・平等・博愛が人間の蒙昧を啓く「普遍的（universal）」価値として見出されたとき，普遍的文明以外のものは価値が低いものとされ始めました。こうしたフランスの啓蒙主義に対抗して，ドイツではそれぞれの民族文化の固有性を説く言説が出てきます（太田，1998；竹沢，2001）。

ここで登場したのが普遍的価値を担う文明とは異なる，固有の意味を担う文化の存在でした。こうしたドイツにおいて近代心理学の父ともされるヴィルヘルム・ヴントも育ち，マリノフスキーはこのヴントが取り組んだ民族心理学に影響を受けた研究者でした。

こうしてみれば，文化人類学者がなぜ「彼の見方」を重視するのか，ということにひとつ深い層が見えてくるでしょう。「彼の見方」「彼らの幸福」の対極にあった価値がフランス啓蒙主義に代表される「普遍的見方」，「普遍的幸福」でした。「ユニバーサル」という価値にはこのように，それ未満のものを蒙昧として排除する強烈な力が籠もってしまうことがあるのです。

こうした意味での「普遍主義（universalism）」に対して，文化人類学が護持しようとしたのは「**相対主義**（relativism）」でした。普遍性を主張するひとつの声に対して，物事にはさまざまな見方があること，幸福の実質はそれぞれに別様に存在すること，後者の価値こそ，文化人類学が大事にしてきたものでした。

現在でもこの「普遍主義」と「相対主義」の対立は時に相矛盾し二者択一を

迫られることもあるのですが（井上，1986），対立するのは，すでに自らが十分な知見をもっているとする「自文化中心主義」の立場の両者であり，逆に自らはまだ十分な知見をもっていないかもしれないという「反自文化中心主義」的姿勢の両者にあっては協力さえできるという立場もあります（浜本，1996）。文化人類学がつきあい得る「ユニバーサル」がどちらの普遍主義であるのかは明らかでしょう。

　ユニバーサルなものがどういうものであるのかはもう定まっていて，それ未満のものは蒙昧なものであるという自文化中心主義的なユニバーサルではなく，「彼の見方」「彼らの幸福」をユニバーサルなものへ至らせようと普遍的意図や志向性をもって臨む反自文化中心主義的なユニバーサルをこそ，文化人類学は大事にします。したがって「いきなり正しいゴールとしてのユニバーサルデザインを教える」のではなく，今ここにいる私の思い込みを一歩一歩脱し，着実な足取りでユニバーサルなものへの路を拓こうとするのです。

(6) おわりに

　こうした文化人類学からのユニバーサルデザインへの接近は，これまで言われてきたユニバーサルデザインとはかなり異なります。私たちはまだどのようなものがユニバーサルデザインになるのか，目標を設定していません。今現在取り組まれているユニバーサルデザインとは異なり，普遍性はこれから見出される可能性があるのです。それに新たな命名をするならばユニバーサライジング・デザインと言えるかもしれません。ユニバーサライジング・デザインは，既にあるのではなく，これからイノベートされてゆく存在なのです。

〔飯嶋　秀治〕

考えてみよう

1. 閉眼のワークショップと先天性の全盲ではどう体験が違うかを考えてみましょう。

2. 「普遍主義（ユニバーサリズム）」が排除を生み出してしまう仕組みを考えてみましょう。

本研究は，JSPS科研費JP20H05807, JP22H00771 の助成を受けたものです。

大学組織からみたユニバーサルデザイン

　大学へ転職してくる企業などに勤めていた人たちから，必ずといってよいほど耳にする発言があります。大学という組織がわからない。大学から他の大学へ移った人でも言うくらいですから，大学組織は難解なのかもしれません。本章では，その難解な組織について，誰もが素早く理解できるユニバーサルな設計に改めていく理想を詳述することで，組織改革の手立てを検討するよりも，眼前にある組織の現実を見据え，今の大学の諸活動をユニバーサルデザインへとアップデートするための工夫，大学組織で働く知恵を考えていきます。

(1) 大学組織を分析する試み

　任期を終えた学長などが，大学管理職の経験から大学組織を語るものはありますが，大学組織そのものの研究は少ないといえるでしょう。例えば，どのような制度と根拠で大学組織が成立しているのか，組織の特性としてどういうものがあるか，教員組織のあり方，事務組織のあり方などの解説により，大学で働く人たちが大学における組織的な課題解決を客観的な関係づけでとらえ直すこと，つまり理論的な解釈に資するような研究です（中井，2019；両角，2020）。なかには最新の組織論を駆使して，組織の人間関係や風土・文化への理解までも促す研究もあって（中島，2019），組織に対する悩みが大きい人にとって頼りになる内容といえるものもあります。

　総じて，これらは近年の研究成果といえるものですが，少し古いものであっても，示唆に富むものがあります。いわば，大学組織の泳ぎ方に踏み込んだ内容といえるものです。大学における諸活動の中で，今日的な論点であるユニバーサルデザインを実現していくためには，難解な大学組織の癖を知っておくことが重要です。大学においてユニバーサルデザインを実現することは，総論賛成，

各論で課題山積といったところでしょう。課題山積というのは，どうしてよい
かわからず手をこまねいている状態といえるかもしれません。その大学におい
て過去に前例のないことが大きな理由と考えられます。そのような状況下で知
りたいことは，いかに組織内を動けば，事態を次へと進めていけるのかという
ことではないでしょうか。ともあれ，その検討をする前に，大学とユニバーサ
ルについての課題整理を試みます。

(2) 大学とユニバーサル——万人って誰だ

　大学のことを調べ始めると，必ずといってよいほど目にするモデルがありま
す。**トロウ・モデル**です。このモデルは，高等教育が拡大することで起きる変
化について，段階を追って表現したものとして有名です。それぞれの段階は，該
当年齢人口に占める大学在学率によって分けられ，15％までをエリート，15〜
50％までがマス，50％以上になればユニバーサルと呼んでいます。多くの人が
大学に進学すること，大学進学率の上昇は，大学の量的な拡大で終わらずに，質
的な構造変化を大学にもたらすという考え方を示したのが，マーチン・トロウ
でした。この考え方は，国際的に受け入れられました。国境を越えて高等教育
の諸課題や発展を語り合うことが可能になったからです。
　トロウ・モデルの詳細は別の機会に譲りますが，高等教育の研究分野におい
て「ユニバーサル」という概念が使われるようになったのは，このモデルが発
表された1973年のOECD会議以降でしょう。日本における大学のユニバーサ
ル化では次のようなことが起きていますというように，大学の変容を説明する
際に用いる高等教育研究者が多くいます。ここでのユニバーサルは，本書で取
り扱う「ユニバーサルデザイン」とは，少し趣が異なるかもしれません。大学
が社会へ普及することにより学内外で起きることを考察するといった意味合い
が強く，誰もが使いやすく利用できる設計やその過程といったことに検討の力
点があるとはいえないからです。
　とはいえ，トロウ・モデルで示される構造変化のひとつ，高等教育の機会に
ついて少し吟味してみましょう。エリート段階は少数者の特権，マス段階は相
対的多数者の権利，ユニバーサル段階は万人の義務，とあります（喜多村，1999）。

日本で大学進学率が50％を超えるというのは，進学を希望する高校卒業生全員が大学（短大含む）へ入学できるような状態といえるでしょう。では，この進学希望者全員（＝万人）に，障害者のことは念頭にあったのでしょうか。トロウ・モデルを受け入れた諸外国と日本では，「万人」に対する認識に違いがあったかもしれないと考えることは大げさでしょうか。

アメリカでは，1864年にギャローデット大学（Gallaudet University）が設立の認可を得ています。聴覚障害者を対象とした大学とされていますが，アメリカ手話を第一言語とするこの大学は，聴者の受け入れも認めています。選ばれた者だけ（少数者の特権）のために大学があるのではなく，市民（万人）のものとして発展している高等教育の存在について，この大学を通じて知ってしまうと，日本の高等教育，大学のあり方を見つめ直さざるを得ません。

（3）大学組織のバリア

そこで，あなたが，自身の大学におけるさまざまな活動をユニバーサルデザインへと改めていく当事者になってしまったとして，どのように周囲を巻き込んで，組織的な解決を図ろうと動き出すでしょうか。例えば，ノートテイク活動の組織的な展開や，バリアフリー推進室などの開設について考えてみましょう。

ノートテイクは，授業で起きていることを聴き取ることが難しい聴覚障害学生の傍にいて，その内容を要約筆記で伝えるというものです。「合理的配慮」について大学が考えるようになった，障害を理由とする差別の解消の推進に関する法律（2013（平成25）年6月制定のいわゆる「障害者差別解消法」）が，2016（平成28）年4月に施行する以前から展開されるものです。大学間連携組織である大学コンソーシアム京都では，ノートテイクを担う人を対象としたノートテイカー講習を2004年から実施しています。

こうした活動を自身の大学で行う場合，おそらく，支援を求める学生の入学前相談から始まり，課題は山積みでしょう。大学内の誰が，どこが窓口となったのか，どのように相談を進めるのかで解決速度も違ってきます。知人や友人の学生，教員，職員いずれの立場でも，これまで当該大学に無かったものを始

める場合に，最初の第一歩が全くわからないことはままあります。

　第一歩の次には，担当組織・担当者の調整，委員会等の会議体による階層的な意思決定，規程や予算の問題，事務局部署間の連携，聴覚障害学生の履修状況把握，授業担当教員への照会，ノートテイカー学生の確保と研修，実際の授業モニター，さまざまな意見聴取による評価・改善，次学期の準備，次年度の準備など，実際の担当者はこれまでの業務に加えてこなしていかねばなりません。

　それでも，このようなノートテイク活動の組織的な展開は，目の前に支援を受けたい学生がいることも手伝って，現場からの解決を見込みやすいかもしれません。一方で，バリアフリー推進室などの開設は，学内調整と検討が複雑になると容易に想像できます。現場からの提案であっても，大学執行部からのトップダウンであってもそうです。

　例えば，障害者差別解消法が施行することを受けて，ノートテイク活動の面倒を見ていた学生課から，その機能をバリアフリー推進室などへ別組織化する提案を行う。こうした課題は，大学組織全体に波及するので，より多くの人々を巻き込む必要があります。多くの人々を巻き込むということは，懸念を表明するような人たちや大学執行部が納得する内容や手順，手続きを避けられないということです。時間も長期戦になる可能性が大きいです。

　では大学執行部からのトップダウンであれば短時間でうまくいきそうでしょうか。現場が求めていない，まだ当事者意識をもつまでには現場組織が暖まっていない場合もあるために，実は簡単ではありません。「仏つくって魂入れず」のようなことが起こり得ます。また，その仏も大学のアリバイづくりであったりすることさえあります。

　ボトムアップ，トップダウンいずれにしても，組織の新設は難題です。それが専従の組織となればなおさらです。予算と人事が絡むためです。必要性や組織的な意義だけでは思うように大学は動きません。まして，バリアフリー推進室などとなれば，専門家の配置は最重要事項になりますから，学外人材の採用といったことにつながり，頭を悩ます時間は長くなります。

（4）大学組織の癖と課題解決の処方箋

　冒頭で述べたように，ボトムアップ，トップダウンでもうまくいかない大学
組織に音を上げてしまいそうです。とはいえ，すべての大学が立ち止まってし
まっているわけでもありません。そこで，何かヒントになる考え方をというこ
とで，先述の少し古い文献に話題を戻しましょう。

　　大学内には，以上のような組織面の二つの体系のほかに，潜在的構造といってよ
　いものがある。それは，どうあっても大学の組織図の上にはのることのないような，
　大学の独特の組織形態から成っている。その性質は極めてインフォーマルである。
　また，私的な，組織に関係のない領域であって，何らかの理由からそのフォーマル
　な手続きでは遂行することのできないような，真の目的を果たすためのつなぎ目に
　なる仕掛けとみられることもあろう。このような自然発生的な連絡線（コミュニ
　ケーション・ライン）は，官僚制機構のきびしさにもかかわらず普通に存在し，発
　展するものである。（ストループ，1972）

「以上のような組織面の二つの体系」というのは，この文献によれば，階梯と
機能という体系です。今風に言えば，階層と専門の性格をもつ両組織がハイブ
リッド的に存在するといったところです。事務組織は階層的，教員組織は専門
的（同僚的）と表現したりすることも多いです。商業施設に例えると，事務組
織はデパート的で，教員組織は商店街的といえるかもしれません。デパートで
は店長の号令が功を奏しても，商店街では組合での合議と合意が大切です。こ
のような性格の違う組織体系が，大学には混在しています。さらに，事務組織
であっても同僚的であったり，教員組織でも階層的であったりしますから，こ
れらが難解な所以です。
　このように癖のある全体組織を動かしていくために肝要なのが，「潜在的構
造」といえるでしょう。それは，どうやら組織図には無く，からくりのような
もので，見えている人には見えるものらしい構造です。根回しといえば，当座
のイメージがつきやすいかもしれません。予め話をつけておくということです

が，これは会議等で意思決定する事前に行っておくことが多く，この文献での
インフォーマルな連絡線というのは，そうしたコミュニケーション（伝達と交
渉）に限らず，実際の活動を展開するうえでも重要な助っ人的なものまで含め
ているととらえたほうがよいでしょう。数学の問題を解くために補助線を引い
たりしたことはないでしょうか。この補助線を組織の中で実際に引いて課題解
決を導くというイメージです。

　笛吹けども踊らずというのは，大学の現場発でも，大学執行部発でも，両者
にいえることです。現場からボトムアップする，執行部からトップダウンする，
いずれもインフォーマルなライン（補助線）を意識しなければ，施策の具現化
は難しいでしょう。組織図ばかりを気にして硬直することなく，また組織図を
超えた水面下の交渉ばかりしていても実は組織決定が難しいことには要注意で
す。補助線を引かずに正攻法だけで考えて問題を前に固まる，補助線を引きす
ぎて何が問題なのかわからなくなるといったことは避けたいものです。

（5）どんなアプローチをとるか

　学長のリーダーシップや理事会・教授会のあり方，事務職員の処遇，監査機
能の見直しなど，大学組織に改革を迫る答申などの問題提起が止むことはあり
ません。営利企業の成功事例を引いてくる場合もあります。大学に対する期待
の大きさかもしれませんが，どうも大学は鈍重であるという考えからの要求か
もしれません。そうした巨視的な視点が飛び交うもとで，大学で新しいことを
始めようとする人たちは，前向きな姿勢を崩さず頑張りながらも，時に無力感
を抱くことが多いのは事実でしょう。

　営利企業の中にも存在するはずなのですが，とりわけ大学には，階層性と専
門性をもつ両組織があって，加えて，その意思を決めていく上意下達と合議・
合意という両方法もあり，それらが同居し複雑に絡み合っています。それを先
ずよく観察し理解しなければ，大学の諸活動をユニバーサルデザインへ更新す
るといっても，理想を述べるだけの人物になってしまいます。自身の立場がトッ
プであろうが，現場であろうが，そうなってしまいます。理想に終わらず，何
らかの状況を現実的に変えていこうとするなら，妥協することも時には肝要で

す。しかしながら妥協するためには，これは譲れない，やり遂げたいという原則を明確にしておくことが求められるでしょう。

　ともすれば，意思決定や交渉を勝負事のようにとらえるゲームのような感覚で状況を進める人が組織内にいるかもしれません。両組織，両方法，推進者と懸念者などの複雑な絡み合いを，コンフリクト（対立軸）でとらえて優位を検討する様子です。それよりも，それら互いの差異に注目し学ぶことを通じて，複合的な解決（イノベーション）を試みること，その際にインフォーマルなライン（補助線）を利活用することが，大学組織で働く知恵といえるのではないでしょうか。実は，そうしたアプローチそのものが，ユニバーサルデザインといえるものです。そのような活動が大学組織のそこかしこで発生するようになれば，難解であってもユニバーサルデザインな大学組織の具現へ一歩近づくことに通じると考えることが肝心でしょう。そうして，組織に文化が定着するからです。

〔田中　岳〕

\\　**考えてみよう**　//

1. ウェブサイト等を通じて，ギャローデット大学（Gallaudet University）を調べてみましょう。もしギャローデット大学のような大学が日本国内に存在したならば，どのようなことが起こり得るか考えてみましょう。

2. 組織やチームを動かすときに，あなたが発揮するリーダーシップはどのようなタイプでしょうか。また，どのようなときに，あなたは硬直してしまうでしょうか。そのとき，解決に向けて何を頼りにしがちでしょうか。組織やチームで働く自身の姿をうえから眺めてみましょう。

アートからみたユニバーサルデザイン

(1) アートの場のユニバーサルデザイン

この章では，**アート**について扱います。アートというと美術作品をイメージする人が多いと思いますが，実際にはアートの範疇は幅広く，美術だけでなく音楽・演劇・映画・文芸などの分野を総合的に指すことが多いでしょう。

私の専門は**アートマネジメント**です。アートマネジメントを直訳すると「芸術経営学」ということになります。芸術活動が今日の社会において，自律的に維持・存続していくための経営戦略として要請されてきたものです。アートとデザインは，作品としてのアートと，実用的なデザインとして，別のものとして語られがちです。ただ，アートマネジメントという言葉は「アートの場のデザイン」（九州大学ソーシャルアートラボ，2018）というふうに述べる考え方もあり，芸術の現場をどのようなものにしていくのかという設計＝デザインを考えることがアートマネジメントの担う役割であると考えられます。

アートマネジメントには狭義のものと広義のものがあります。狭義のアートマネジメントは，芸術を観客に紹介したり，芸術家の活動を保障することにより創造を可能にする環境を整えることがその仕事の中心にあるといえます。具体的な仕事でいえば，美術館の学芸員やコンサートホールのマネージャー，演劇やダンスの制作スタッフなどがこの領域にあるといえます。またアーティストを個人や団体によってマネジメントする仕事もこれにあたります。

一方，広義のアートマネジメントを考えるうえでは，もう少し視野を広くする必要があります。すなわち，芸術によって社会のもつ潜在能力の向上を支援するような仕事です。例えばアートNPOと呼ばれるような非営利団体による活動や，社会の課題解決に対して芸術を用いて行うような活動を運営することが

これにあたります。2017 年の文化芸術基本法改正に伴い，国や地方自治体は積極的に芸術の関連分野との有機的な連携を図ることが求められています。ここでいう関連分野とは観光やまちづくり，福祉や教育，産業振興などの分野を指します。このように，一般的に「経営」というと，経済的にどのように活動を自立させていくか，もっと儲かるにはどうしたらよいか，ということがイメージされがちですが，実際には社会とアートをどのようにつないでいくのかということを多角的に考える分野であるといえます。

　私が編者の一員として携わった『アートマネジメントと社会包摂』という本があります（村谷・長津ら，2021）。この中で愛知大学の吉野さつきさんが「アートもマネジメントも人から始まる」（209 ページ）と書いており，私は感銘を受けました。確かに語源を辿ると，アートとはラテン語で「ars」で，人によるさまざまな技術のことを指します。そしてマネジメントの語源となるのは英語の「manege」で，この意味は馬の手綱をさばくことであり，その語源はラテン語の「manus（マヌス）」＝「手」です。です。人の手によって生み出された創造的な技術を用いて，馬の手綱をさばくようになんとかうまくやっていくことが，アートマネジメントのそもそもの語源なのです。「アートマネジメントとは，そもそも社会包摂的であり，多様な人々が共に幸せに生きるための術を用いて，多様な人々の手によって日々の歩みを進める方法とも言えるのではないだろうか」（208～209 ページ）と吉野さんが述べる通り，うまく人と人とのあいだを取りもつことができれば，アートを介した豊かな社会が生まれるための一助になるわけです。ですが「manus（マヌス）」には暴力，力という意味もあります。ひとたび扱い方を間違えると，芸術という名の下に行われている活動が誰かを傷つけたり，芸術であれば何でもあり，というような状況をも生み出してしまいます。

　このような背景からアートマネジメントは，芸術そのものの振興だけでなく，芸術に関わる人がどのように豊かに芸術活動を継続することができるかということに関心が向けられています。芸術組織におけるハラスメントの問題や，新型コロナウイルス感染症に伴って芸術家の活動の場所が制限されるなどの社会的な状況の変化に伴い，どのように社会制度として芸術家の活動を保障することができるかという議論を行うのもアートマネジメントの役割のひとつです。

　これまで述べてきたような文脈から，アートマネジメントという仕事はそもそも，芸術の場をどのように平等で包摂的なものにしていくかという考え方と親和性が高いことがうかがえるかと思います。いわば，「アートの場のユニバーサルデザイン」です。

(2) 障害のある人の表現活動の現在

　そのうえで，よりユニバーサルな取り組みとして意識されているのが，障害のある人や，社会的に排除されるような状況に置かれている人たちと芸術活動との関係性です。筆者は学生時代から現在に至るまで，障害のある人が関わる表現活動についてのフィールドワークや参与観察を行ってきましたので，そのことを例に挙げながら「アートの場のユニバーサルデザイン」について考えていきたいと思います。

　近年，障害のある人の表現活動は国や地方自治体による支援制度が非常に広がりを見せており，2018 年には「障害者の文化芸術活動の推進に関する法律」も制定されました。ただし一言で「障害者の文化芸術活動」といってもその内情はさまざまで，福祉施設の中で余暇活動として絵画・工芸・音楽・ダンスなどの活動を行うことを支援する施策もあれば，国際的に通用する質の高い芸術公演を支援するような施策まで，いわば裾野から頂点まで幅広い支援策がとられています。それでもなお，実際に障害のある人が芸術活動にアクセスするための障壁はまだ数多いのが現状です。例えば演劇公演に字幕や音声ガイドがついていないことにより鑑賞が難しいというような状況や，障害のある人が作品をつくるための指導を受けることが難しかったり，作品づくりに参加するためのアクセスを保障する社会的な仕組みが整っていないことがその例として挙げられます。さまざまな課題により，障害のある人は表現活動の現場から未だに排除されています。このことから，法的基盤のみならず，さまざまな制度設計とその運用を通じ，障害のある人たちが感じる障壁を少しでも除去していくための取り組みが行われることが期待されています。

　一方で，障害のない人たちが障害のある人が関わる表現活動を見る目線は，社会的な動向が変わっているにもかかわらず大きくは変わっていないのではない

かという議論もされています。例えばメディアによる報道のされ方を見ると，障害がある人の表現活動を取り扱う際に「純粋」「魂」「感動」といった，いわゆる**純粋言説**と呼ばれるような表現が行われることがしばしばあります。健常者が障害のある人のことを「純粋」な存在として見ようとすることは，健常者が見ることを希求する障害者の像を投影しているだけに過ぎず，障害のある人の表象のされ方を健常者が搾取しているのではないかという指摘もできます。

(3) 障害のある人の表現活動を考える多様な「ものさし」

　このような課題を考えていくうえで重要な視点は，障害がある人の表現活動を見る際の「ものさし」が多様であるということです。

　例えばその１つは「活動を『個人モデル』的な視点で見るか，それとも『社会モデル』的な視点で見るか」ということです。障害がある「天才」がつくっていることにより表現活動の価値が生まれているという考え方をするのが**個人モデル**的な考え方であるとすれば，作品がつくられるプロセスで周囲の人たちとの関係性が変わったり，マジョリティの側に新たな気づきが得られたりすることなどに価値があるのではないかと考えるのが**社会モデル**的な立場でしょう。

　また，ものさしの２つめとして「芸術の『本来的価値』の視点で見るか，それとも『手段的価値』や『社会的価値』の視点で見るか」ということもあるでしょう。**本来的価値**とは，生まれた表現活動そのものの美的価値を認めようとして，高値で売買されるような芸術のマーケットで作品が取り扱われたり，作品に対して芸術の専門家が批評するなど，いわば創作物の芸術性の評価です。他方で，表現活動を通じて起こることに光を当てようとして，現場で生まれる関係性がどれだけ豊かなものになったかという振り返りをしたり，表現活動によって障害のある人自身の生活が活き活きとしたかという視点など，芸術を何かの手段として用いるような**手段的価値**や，さらには手段的価値を達成した結果として社会にインパクトが広がるような**社会的価値**をもたらすものとして見ることもできると思います。

　さらには障害学の議論をもとにすると，３つめのものさしとして，そこで生まれた文化を『『支配文化』と見るか，『抵抗文化』として見るか，『固有文化』

として見るか」という視点もあります（杉野，1997）。**支配文化**というのは「健常者の側が支配している社会に従属している文化」のことを指し，健常者が期待する障害のある人の在り方や，健常者が中心となる社会で受け入れられやすいような文化のことを指します。芸術活動の場合は例えば，障害のある人の描いた絵をグッズとして展開するなどして，表現活動の面白さやその先にいる障害のある人のことを広く知らせるような活動がここに位置づけられるでしょう。**抵抗文化**とは「健常者の側がつくっている文化に対して抵抗している文化」のことを指し，社会運動などの形で，障害のある人の側から見える社会の問題点を提起したり，健常者が気づきにくい問題に対して啓発活動を行なうことも挙げられるでしょう。芸術活動の場合では，健常者とは異なる身体をもつことを強調したパフォーマンス公演など，その独自性を健常者の側に突きつけるような表現活動を行うことがその例として挙げられます。**固有文化**とは「障害のある人が固有でもっている文化」のことを指し，代表的な例は「ろう文化」です。ろう者による手話表現は音声による日本語とは異なる言語であり，言語として守られるべきであるという考え方がその一例に挙げられます。芸術活動の場合では，障害のある人自身のアイデンティティに基づいた表現活動を模索するようなことがその一例として挙げられ，筆者が近年取り組んでいる聴覚障害のある人の「音楽」の在り方をめぐるプロジェクトはその一例として考えられると思います。

　このように，多様な「ものさし」が混在する形で障害のある人の表現活動が形づくられています。重要なのは，どのものさしが優れているかということではなく，誰がどのような文脈でどのようなものさしを使おうとしているのか，そしてそのものさしは適合していると言えるのか，ということを適切に検討していくことです。活動しようとする人たちやそれを支える人たち，さらにはその活動に共感し広げようとする人たちには，健常者が障害のある人のことを「わかったつもり」になってしまう前に，その活動の何に価値を感じるのかということを丁寧に言語化していくことが望まれるのです。

(4) エンパワメントと意識の改革に向けて

　芸術の現場をユニバーサルにしていくためには，どうしたらよいのでしょうか。そのためには，建物や設備などのハード面の整備のみならず，ソフト面での工夫が求められます。マイノリティの立場に置かれる人たちが，活動を「知る」ためのアクセスをひらくこと。活動を知り，作品や芸術活動の鑑賞に赴くことで「見る／聴く」ためのアクセスをひらくこと。さらにこうした活動に「参加する」ためのアクセスをひらくこと。さまざまな階層で工夫すべきことは異なりますが，すべての段階で肝要なのは，当事者の声を聞きながら具体的かつ可能な対応策を模索するプロセスです。

　社会モデル的な観点で障壁を取り除くためには，マジョリティ性の壁を崩すことが求められていると語られています（飯野ら，2022）。そのうえでインクルーシブな芸術活動が目指すものは，マイノリティの立場に置かれた人々のエンパワメントと，マジョリティの立場に置かれた人々の意識改革であると言われています（文化庁×九州大学共同研究チーム，2021）。ただしマイノリティとマジョリティの関係性は常に相対的で，社会状況や環境に応じてその立場が入れ替わり得る流動的なものであることに留意しなければなりません。そのことを踏まえると，障害のある人も含む芸術活動に人々が関わることを通じ，マイノリティとマジョリティの双方がエンパワメントしあい，意識が変革するための萌芽が双方に生まれるような関係性が有機的につくられることが重要であると考えられます。

〔長津 結一郎〕

　考えてみよう

　1. 自分の住んでいる地域にある美術館・博物館・劇場・コンサートホールなどの文化施設では，どのようなユニバーサルな工夫がされているか，調べてみよう。
　2. 障害のある人の表現活動が展示・発表される場所に足を運んでみて，どの「ものさし」でこの活動の価値を他者に伝えることができるか，考えてみよう。

20　インクルーシブな社会のデザイン

　ダイバーシティ（多様性）を尊重するインクルーシブ（包摂的）な社会の実現は，今日の社会課題となっています。しかし，「多様性を尊重」しつつ「包摂的な社会」を築くのは容易なことではありません。多様であることと，社会のまとまりを保持することが矛盾するからです。

　そもそも私たちは，多くの人たちが一緒に暮らすことができるようにルールを定め，それを守ることで社会を維持してきました。結果的にそのルールにうまく適合できない人たちが排除されたわけですが，そうすることで社会を成り立たせてきました。近年さまざまなルール変更が試みられていますが，それでも取りこぼされる人はなくならず，終わりが見えてきません。どれだけ工夫を重ねたとしても，どんな人にも適合するユニバーサルなルールをつくることは不可能に思えます。それでは，「多様性の尊重」と「包摂的な社会」を両立させるためには，どうすればよいのでしょうか？

　結論を先に言うと，時間という軸を取り入れることで，両立の可能性が見えてきます。すべての人が常に包摂されている状態をつくることは無理でも，特定の人たちが常に排除されない状態をつくることは可能だからです。人々が価値観の異なる複数のコミュニティを行き来し，立場が時々入れ替わる状況をつくることができれば，多様性と包摂性の両立は可能になります。社会全体をコントロールしようとするのではなく，社会の中に多様な包摂的コミュニティを併存させ，それらを人々が自由に選択し移動できるような，「ゆるいまとまり」をもった社会をデザインするのです。

　そのためには，まず多くの人の心理的バリアを解消することを考えなくてはなりません。心理的バリアが解消されない限り，多様性と包摂性の両立という困難な課題に挑戦する意欲の高い人たちが現れてこないからです。とはいえ，心理的バリアは4つの社会的バリアの中でも，もっとも解消が困難とされるもの

です。ユニバーサルデザインも，物理・情報・制度のバリア解消には大きな力を発揮しますが，心理的バリアの解消に対する効果は限定的です。

　そこで本章では，心理的バリアの解消に必要なことは何か，どのような方法があるのかを考え，そのうえでユニークな包摂的取り組みをいくつか見ていこうと思います。

（1）心理的バリアの解消

　一般に心理的バリアの解消には，適切な知識をもつことが重要と言われます。行政や学校教育では，「無知による偏見」という言葉が使われ，知識がないことが偏見を生んでいるという見方がよくされます。たしかに，知識を身につけることは他者理解に不可欠な第一歩ではありますが，人々の考え方や行動を変えるには十分なものではありません。

　仮に読者のあなたが会社の管理職で，いつも仕事を早く片づけられない障害をもった部下がいたとします。何も知識がなければ，「どうして早くできないんだ」とイライラが募るばかりですが，障害特性に対する知識があれば，なぜ早くできないかについては理解できます。この意味で知識は重要です。ですが，それを理解したとしても，その人がゆっくり作業をすることを認め続けることは困難です。もし部下が与えられた仕事を時間内にできないのであれば，他の社員やあなた自身が肩代わりしなくてはならなくなるからです。こうした負担は一時的にはやり過ごすことができても，いつまでも続けばやがて耐えられなくなります。

　この際，通り一遍の知識があるだけでは，「障害のある人を雇用するのは大変だ」という思考から抜け出すことはできないでしょう。特に業務効率があなた自身にとっての大切な価値観であった場合，例えば，効率的に仕事ができるように日々鍛錬を積み重ね，そのおかげで同僚よりも早く出世することができたという成功体験がある場合には，効率を重視しない働き方を受け入れることは非常に困難です。

　しかし，あなた自身やあなたの会社がこの問題を「他人ごと」ではなく，「自分ごと」としてとらえることができるのなら，この問題を放置することはせず，

どうすれば障害のある人の能力が発揮され，かつ会社にとってもメリットのあるウィン・ウィンの働き方ができるかと考え始めるはずです。「他人ごと」にとどまっているのか，「自分ごと」としてとらえることができるかは，大きな違いです。この違いを生むのが「共感」だと言われています。

　心理的バリアの解消には，次のような3つのステップが必要です。これは，「社会包摂型劇場経営」を推進する岐阜県可児市文化創造センター館長の衛紀生さん（現シニアアドバイザー）が，社会包摂に必要なステップとして筆者に語ってくれたことを，筆者が再解釈したものです。

①気づき──自分とは異なる他者の存在に気づく
②知識──自分と他者との違いについて知る
③共感──違いがあるとはいえ，同じ人間であることを理解する

　第一のステップは，社会の中に自分とは異なる人間がいると「気づく」。第二のステップは，自分との違いについての「知識」を身につける。そして，第三のステップが，違いはあるものの，その人に「共感」を抱き，自分と同じ人間であると理解する，です。ここでいう共感とは，ただ単に喜怒哀楽の感情に同調するだけではなく，その感情の基となった具体的な状況も含めて共感すること，つまり，何らかの意味で類似した経験や共有の経験があるために「自分ごと」のように感じられることを意味します。

　ところが，一般には第二のステップに留まり，第三のステップに進まないケースがよくあります。これでは，いつまで経っても問題は「他人ごと」でしかなく，現状を変えようという気持ちは起こりません。また，第二のステップを経ずに一足飛びに第三のステップへと進んでしまうケースもしばしばみられます。「特別扱いすることが問題なので，細かいことは言わずに，すべての人を同等に扱えばよい」という考え方です。しかし，こうした態度は，場合によっては的外れでないとしても，現存する社会的バリアを放置する無責任な態度と言えなくもありません。

　このように，3つのステップを経て初めて心理的バリアは解消され，自分とは異なる他者を尊重し，相互扶助的な関係を築くことができるようになります。

共感は他人に起こっていることを「他人ごと」として傍観するのではなく、「自分ごと」としてとらえるきっかけを与えるものです。もちろん共感があれば、障害のある人もそうでない人もウィン・ウィンになる新しい方法をすぐに思いつくことができるというわけではありませんが、共感がないところで、新しい働き方のデザインを考えようとは思わないはずです。では、どうすれば共感を生み出すことができるのでしょうか？

(2)　共感を生み出す方法

　共感を生み出す鍵となるのは、日常の体験を伝えることです。障害者の定型的な語りではなく、多様な個人の多様な経験を伝えることが重要です。

　もっともシンプルな方法は、当事者と語り合ったり、行動を共にしてみたりする場をつくることです。例えば、デンマークで始まり世界に広がった「ヒューマン・ライブラリー」という取り組みがあります。図書館で本を借りて読むように、人を借りて話を聴くというもので、障害のある人、LGBTQ、依存症の人など社会で排除されがちな人たちが貸し出されます。もっと気軽な取り組みもあります。九州大学ソーシャルアートラボでは、2018年に「身体で知り合う表現とケア」というワークショップで、障害のある人と数人のグループになって、特別な目的をもたずに街を散歩するというワークをしましたが、こうしたアプローチも有効です。

　当事者と直接話をするのが難しいケースもあるかもしれません。例えば、2000年頃にはHIVに感染した当事者（特にゲイの当事者）が一般の人の前で話をすることは稀でした。HIV/AIDSという感染症に対する理解が広がらず、ゲイに対する偏見も今日とは比べものにならないぐらい根強く存在していました。しかし、当事者のリアリティを伝えなければ、当事者への偏見もなくならないし、予防啓発も不可能です。

　そこで、HIV/AIDSの啓発支援を行っているNPOぷれいす東京は、新宿にあるコミュニティセンターaktaと共同で2002年に「Living Together計画」を立ち上げました（生島, 2004）。「HIVをもっている人も、そうでない人も、みんなもう一緒に生きている」をスローガンにしたこのプロジェクトは、当事者に

手記を書いてもらい，それを別の人が朗読するというアプローチをとりました。

　手記にはHIVに関することだけでなく，それと関わる他愛のない日常や恋愛の話，家族の話などが綴られています。朗読者は手記を読み，自分の感想や手記で思い起こした自分の体験について語ります。一方，観客はHIV陽性者の現実を知ると同時に，朗読者の関連した体験を聞きながら，自分自身のことを振り返るきっかけを得ます。個人の体験がその場を共有する朗読者や観客の体験と結びつき，共感が広がっていくのです。この活動は朗読会だけでなく，写真を伴った冊子の制作，カフェやクラブでのイベント，コンサートなどへと発展し，コミュニティに大きなインパクトを残しました（中村，2013）。

　他にもさまざまな取り組みがありますが，共通しているのは，障害者，LGBTQ，HIV陽性者というカテゴリーを代表する定型的な話をするのではなく，多様な個人のリアリティを伝えようとしていることです。多様なリアリティを共有することで，聞く人たちが共感できる部分が現れてくるのです。

(3) ユニークな包摂的取り組み

　さいごに，障害を「他人ごと」ではなく「自分ごと」としてとらえることで生まれたユニークな取り組みを見ていきましょう。ここでは，一般の人も参加可能な3つの取り組みを紹介します。最初の2つは活動の本質は何かを見つめなおし，ルールを再定義した例，3つめは健常と障害という立場を逆転させる環境をつくり出した例です。

　スポーツと言えば，「速く走る，高く飛ぶ」というように，一般に運動能力が高い人が有利な競技です。しかし，障害のある人でも不利にならない，あるいは障害のある人の方がむしろ有利になるような競技のルールをつくれば，多様な人が一緒に楽しむことができるようになります。こうして次々と新しいルールを生み出しながら活動を展開しているのが，「ゆるスポーツ」です（澤田，2021）。体を動かしながら競い合うことを楽しむというスポーツの本質を見つめなおし，ルールを再定義した例です。同種の取り組みに「未来の運動会」というのもあります。

　美術鑑賞のルールを再定義した取り組みもあります。「視覚障害者とつくる美

術鑑賞ワークショップ」では，視覚障害者とそうでない人数人がグループになって絵画鑑賞を行います。視覚障害者は作品が見えないので，見える人が作品を説明するのですが，なんとなく見ているだけでは説明できないので，普段よりじっくり見たり，全体の中での位置づけについて考えたりしなくてはならなくなります。視覚障害の人はそれを聞いて感想を述べたり，わからないところを質問したりします。このように対話を重ねながら鑑賞をするのですが，見える人にとっても見えない人にとってもチャレンジングで，楽しい取り組みとなっています。美的な対象に積極的に関わることで，対象を味わうという美術鑑賞の本質をとらえ，ルールを再定義しているのです。同種の取り組みは，白鳥建二さんとその友人の間でも展開されており，『白い鳥』というドキュメンタリー映画もつくられています（川内，2021）。

　健常と障害という立場を逆転させる試みとしては，1988 年にドイツで始まり世界に広がった「ダイアローグ・イン・ザ・ダーク」という取り組みがあります。何も見えない暗闇の中で，視覚以外の感覚を使って日常生活のさまざまなシーンを体験する取り組みですが，視覚障害者が案内役となります。暗闇では，視覚障害者とそうでない人の立場が逆転するのです。最近では視覚障害者が暗闇を案内するだけでなく，そこでビジネスパーソン向けのワークショップをファシリテーションする取り組みも行われるようになっているようです。

　このように，社会のあちこちでユニークな包摂的取り組みが展開され，新しい価値観やルールに基づくコミュニティが生まれています。紹介した取り組みはいずれも非日常的なものですが，こうした取り組みが広がっていくことで，学校や職場などの日常的なコミュニティのあり方も少しずつ変化していくのではないでしょうか。実際，企業の中には，多様な価値観を武器にイノベーションを生み出す取り組みを始めているところもあるようです。

(4)　おわりに

　多様で包摂的な社会というのは，単に社会へのアクセシビリティを高めることではなく，社会を構成する多様な人たちが「生かされる」社会です。そのためには，心理的バリアを減らし，従来とは異なる価値観のコミュニティを数多

くつくっていくことが不可欠です。

　あらゆる人が包摂される社会のルールを考えようとすると途方もなく難しいことのように思われるかもしれませんが，社会のあちこちに新しい価値観やルールに基づく包摂的な取り組みを増やしていくのは，できないことではありません。社会の中に多様な価値観をもつコミュニティを併存させ，それらを人々が自由に選択し，移動できるような「ゆるいまとまり」をもった社会をデザインする。これが多様性を尊重する包摂的な社会を実現する現実的な方法なのです。

　イギリス『タイムズ』紙のコラムニスト，マシュー・サイドは『多様性の科学』(2021) において，人類という種がこの世に生き残ることができているのは，人類が多様であることを生かして，イノベーションを創出し続けたからだと記しています。多様な人が生かされるというのは，人類全体にとって善なのです。

〔中村 美亜〕

\ **考えてみよう** /

1. 自分自身が他人に共感を抱いた経験を思い返しながら，人はどういうときに，どういうプロセスで共感するのかを分析してみよう。
2. 他にどんなユニークな包摂的取り組みがあるかを調べてみよう。

21 情報科学からみたユニバーサルデザイン

本章では，情報科学分野におけるユニバーサルデザインの中でもとりわけ教育分野と関わりの深い，**学習支援**の取り組みについて紹介します。「教育×情報」というキーワードからは，初等中等教育でも行われるようになったプログラミング教育や情報科学などの情報教育を連想される方が多いと思います。プログラミングや情報科学の学問そのものも実はユニバーサルデザインに大きく関与していますが，本章では主として，教育の情報化が進む社会においてどのような情報処理技術が新しい教育手法や学習支援を実現できるようになりつつあるかを取り上げ，その最近の取り組みを，ユニバーサルデザインの観点と絡めながら紹介していこうと思います。

(1) 情報端末の教育・学習支援への活用

今から30年ほど前の20世紀末までは，教育の中でPC（パーソナルコンピュータ）を使う授業は非常に限られていました。当時は，各学校にPCが整備された教室がありましたが，毎回の授業でその教室を使うような教育ではなく，PCがどのようなものか触れてみるという体験知を得るような教育でした。その後，通信環境の高速化や情報端末のモバイル化が進む過程で，一家に一台のPC端末や携帯端末を所有する時代に変わっていきました。そして，現在の2020年代ではスマートフォンの世帯保有率が90％を超えるまでに，情報端末がとても身近なものになりました。PCはスマートフォンほどではないですが，世帯保有率が80％近くにまで高まってきています。

教育現場に目を向けると，2010年代頃からPC必携やBYOD（Bring Your Own Device）という個人のPCやタブレット端末を授業に持ち込み，教育や学習に活用する取り組みが高等教育を中心に広がっていきました。電子教材にア

クセスして学習を進めたり，他者とのコミュニケーションのために利用したり，情報端末を活用した新しい教育，学習が始まりました。その後，2020年以降始まったコロナ禍では，各教育機関で情報環境の整備が進み，初等中等教育でも個人端末を利用したオンライン授業への参加をはじめ，学校や担任の先生との連絡手段，課題の出題，提出などさまざまな場面で情報端末が活躍する時代に突入しました。

　ここまでは教育分野に情報環境がどのように普及してきたかという点で話を進めてきましたが，今度は教育，学習支援という観点で情報科学分野との関係を紹介します。先述のように，コロナ禍が契機となり教育の情報化が一気に進みました。多くの教育機関では，情報端末を利用して電子教材にアクセスしたり，学習管理システムと呼ばれる出席や課題の管理などを行えるシステムを利用したりして，学習に臨む機会が増えてきました。このような電子教材や学習管理システムにアクセスしたときに，サービスを提供しているサーバ側には各利用者の操作履歴がデータとして保存されます。また，課題を提出したりテストを受験したりすると，その記録もシステム上にデータとして保存されます。さらに，システムから利用者に配信される電子教材も，電子的に保存されているものですので，一種のデータと言えます。つまり，情報端末を使う教育では，さまざまなデータのやり取りが行われていることになります。このようなデータは**教育データ**と呼ばれています。

　教育データには利用者の活動の過程や成果に関する情報が含まれているため，そのようなデータの分析を行うことで，どのように教育を設計すればよいか，どのように学習支援を行えばよいかなどの手がかりを個別に探ることができるようになります。このような一連の取り組みは**ラーニングアナリティクス**（Learning Analytics：LA，**学習分析**）（Wong et al., 2020）と呼ばれており，近年活発な取り組みが行われるようになってきました。ラーニングアナリティクスでは，教育データの分析手法，可視化手法，教師や学習者への活動改善に関するフィードバック，教材改善のフィードバック，教育や学習の効率・効果を高めるための環境開発など多岐にわたる研究が行われています。また，欧米諸国ではオンライン教育を対象とした取り組みが多いですが，日本では現場教育を対象としたラーニングアナリティクス研究が進んでいるという特色もありま

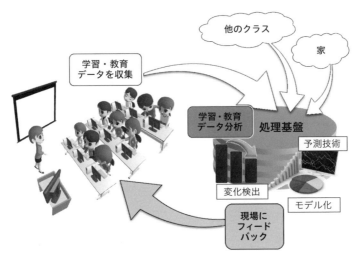

図1　教育データを活用したラーニングアナリティクスの概要図

す。ラーニングアナリティクスの一連の流れは図1に示すような一種のサイバーフィジカルシステムとしてとらえることもできます。次は，ラーニングアナリティクスの実際の取り組み事例をユニバーサルデザインとの関連も添えながら紹介していきます。

(2)　ユニバーサルデザインとの関連や取り組み

　ここでは，ラーニングアナリティクスの取り組みの中で，特にユニバーサルデザインにも関わりの深い**学習ダッシュボード**の機能についていくつか紹介します。

1)　教材の閲覧状況のリアルタイム可視化
　図2は，電子教材の閲覧状況をリアルタイム可視化する機能です。横軸が時間（図中の表記は授業時間中の時刻に対応），縦軸は授業で使われている電子教材のページ番号に対応します。領域内に描かれた矩形には各時刻に各ページを閲覧している人数に応じて色が塗られます。閲覧状況の集計分析は1分ごとに行われて結果が可視化されますので，可視化結果の全体を眺めることにより，全

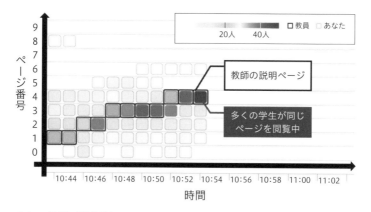

図2　教材の閲覧状況のリアルタイム可視化機能
閲覧人数が多いほど，赤系に近い色で描画される。また，教師が説明中のページには青色の枠が描かれる。

受講者の現在までの閲覧状況を表すヒートマップとして確認することができます。

　教師はこの機能を使うことで，受講者が説明中のページを開きながら授業に参加できているかどうかを確認できます。教師の説明中のページ（青色の枠が描かれたページ）が赤系に近い色で塗られていれば，多くの受講者が同じページを開いていることになります。一方，説明中のページよりも前のページ側に赤系の色が塗られているような状況であれば，多くの受講者が授業の説明についていけていない可能性があります。リアルタイム学習ダッシュボードでそのような状況が確認された場合は，教師は授業進行の速さを調整したり，前のページの説明をもう一度補足したりするなど，適応的な対応を取ることができるようになります。この機能は，受講者に特別な操作を求めることなく，受講者全体の状況を把握できることが特長です。授業中に自身の理解の状況をうまく表明できない受講者の状況把握にも応用することができます。

　図3は，電子教材の各ページに搭載されている「わかった／わからない」の反応を返すボタンの利用状況を可視化する機能です。横軸が電子教材のページ番号，縦軸が「わかった／わからない」の反応数に対応しています。こちらの機能は，受講者が能動的に操作をする必要がありますが，ページ遷移をする際にボタンを押すだけの簡単な操作で教師に対して反応を返すことができます。教

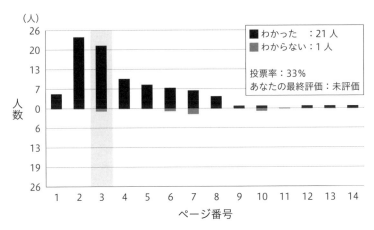

図3　ページごとの「わかった／わからない」の反応可視化機能

師に対して，どのページが理解できて，どのページの理解が難しかったかを端的にフィードバックできますので，それを受けた教師は説明の補強や補足をすることができます。学習ダッシュボードに関するその他の機能や効果に関しては文献（Taniguchi et al., 2022）をご覧ください。

2）関連教材／補足教材の推薦

　図4は，受講者の理解状況を分析して，復習に適した教材や関連する情報を提供する復習ダッシュボードです。Moodle（Moodle, n.d.）などの学習管理システムでは，小テストを実施して受講者の理解状況を確認することは可能ですが，その結果に応じて適切なフィードバックを受講者に提供することは簡単ではありませんでした。例えば，誤答した設問やその正答については学習管理システム上で確認することができますが，間違った理解を正すために必要な教材などをあわせて提供するためには，設問の内容と教材の内容を対応づけておく必要があります。教師や教育支援者がそのような作業をするには大変な労力と時間を要することになるため自動化が求められますが，電子教材の内容の分析や学習管理システムと電子教材システム間の連携などが必要であり，高度な情報処理技術が必要です。

　この復習ダッシュボードでは，設問の内容を分析して，その設問に対応する

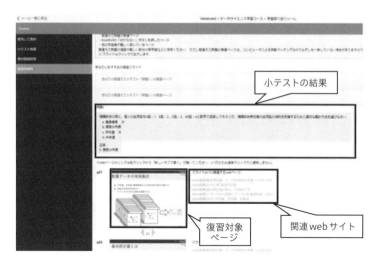

図4　復習ダッシュボードによる個人適応型教材推薦機能

電子教材をページ単位で推薦されますので，受講者はピンポイントで復習をすることができます。さらに，関連する外部のWebサイトも併せて推薦されますので，教材の内容の理解をさらに深めることにつながります。このように受講者の個々の状況に応じて学習教材を推薦する機能は，自身では復習を進めることに慣れていない学習者に対してきめ細かな支援を行えるようになるため，授業についていけなくなる受講生を減らすことにつながると期待できます。より詳細な技術や機能については復習ダッシュボードの文献（Shiino et al., 2020）をご覧ください。

(3) 今後の発展性について

　本章では，情報科学分野からのユニバーサルデザインについて特に教育・学習支援という観点での取り組みについて紹介してきました。教育データを活用して，これまでにない新しい方法でさまざまな教育や学習を支援することができるようになってきました。本章では紹介しきれていないその他の取り組みについては参考文献（島田，2020；2021）などをぜひご覧ください。

　本章で取り上げた学習ダッシュボードの機能は，教室で授業を実施する教師

の適応的な授業進行の支援や，さまざまな背景を抱えた受講生の学習支援の実現につながります。一方で，情報科学分野のユニバーサルデザインは非常にスコープが広く，本章で紹介した学習ダッシュボードに対してもさまざまな観点からの改良をしていく余地が残されています。例えば，必要な情報に到達するまでの操作数（クリック数）を減らしたり，文字量や表示色の削減を行うことで情報量を削減したりして，本当に必要な情報にアクセスしやすくすることや，類似機能群のグループ化，視認性の向上のための色や形状，サイズの変更などのユーザインターフェースの改良もユニバーサルデザインを考えていくうえでとても重要な課題になります。利用者の状況を上手にセンシングしながら，得られるデータを活用して，利用者にとって使いやすいインターフェースを開発し，さまざまな場面でユーザエクスペリエンスの高いサービスを提供することが，教育・学習の個別最適な支援を実現するうえでも今後重要になると考えます。

〔島田 敬士〕

考えてみよう

1. 自分が授業をする立場と授業を受ける立場の場合をそれぞれ想像して，どのような機能があるとより効率的／効果的な教育や学習を実施できるか考えてみましょう。考えた機能は両方の立場で共通して使えるものかどうか，あるいは一方の立場にのみ有効な機能かどうかについても考察してみましょう。

2. 本章では教育データを活用した教育・学習支援を行うダッシュボード機能を紹介しました。近年，さまざまな分野のデータ利用が進み，バリアフリーな社会づくりにも活かされています。他分野の取り組みと教育・学習支援の取り組みとを比較して，共通点や相違点などをまとめてみましょう。

22 芸術工学からみたユニバーサルデザイン

(1) 芸術工学について

　一般的に芸術とは，文学，音楽，美術，映画など独自の表現形式によって美を創造する活動のことです。一方，工学とは，数学，物理学など基礎科学を基礎とした技術の総合学です。この2つの単語からなる**芸術工学**は，芸術および工学の融合で，自然科学，人文科学，社会科学などといった複数の学問を土台として，新しい表現のあり方を横断的に探究する学問です。

　日本に初めて出現した「芸術工学」という学問分野は，1968年に九州大学芸術工学部の前身である九州芸術工科大学が設立された際に新たにつくられた分野であり，科学技術と人間の最も自由な発現である芸術を融合した新しい学問分野を目指したものです。当時の1960年代末は経済発展のさまざまな歪みが顕在化した時期であり，社会的にも学生運動の盛り上がりとともに，変革が求められた時代でもありました。科学技術の発展は豊かで便利な暮らしをもたらした一方で，深刻な公害も招きし，科学技術の発展に対する反省も始まりました。芸術工学の発足はそのような社会状況に対し大学に求められる姿勢であり，「技術の人間化」を目標として掲げ，技術を人間生活に適切に利用するための道筋を設計することを目指したものでありました（研究院長戦略室編，2019）。

　芸術工学の理念は，「技術を人間生活に適切に利用するために，技術の基盤である科学と人間精神の最も自由な発現である芸術とを総合し，技術の進路を計画し，その機能の設計について研究するとともに，人文，社会，自然にまたがる知識と芸術的感性を基盤とする設計家を養成すること」です。つまり，「人間のよりよい生活のためには，適切な計画・設計が必要である。そのためには，統合的な知見と科学・芸術双方の基盤が必要である」ということを掲げました（片

野ら，2000）。

　芸術と工学を学際的に結びつけようという試みは，時代的かつ社会的な背景に起因するものと考えます。特に近年，自然災害，環境破壊や，複雑な現代社会の組織，難解な人間と技術の関係性などといった社会的課題が，多様化かつ深刻化しています。このような問題に対して，芸術工学の学際性による創造的な解決が社会から求められているのです（川崎，2023）。また，デザインそのものの活動分野の拡大に伴い，デザインのみを専門とするもののほかに，人文，社会，自然の諸科学にまたがる知識と芸術的感性を基盤としつつ，総合的に設計できるデザインの専門家のニーズも高まってきています。

　人間生活全般に関わる芸術工学は，人間中心でなければなりません。人間の多様性を理解し，新しい技術を生かし，社会的な役割を果たすことを目指す必要があるのです。これは，つまりは**ユニバーサルデザイン**です。ユニバーサルデザインとは，人間の文化的背景や身体特性などにかかわらず，すべての人々が使いやすい製品，空間，情報，サービスなどをデザインすることです。つまり，工学の対象の「モノ」づくりに芸術の手法を生かして「コト」のデザイン，体験のデザインまで積極的に拡大します。現代社会において最も必要とされているデザインのひとつであることは間違いありません。

（2）　ユニバーサルデザインの位置づけおよびプロセス

　ユニバーサルデザインは，単にモノをデザインするという手法ではなく，われわれが暮らしている社会をどのようなものにしていきたいかという社会変革のデザインでもあります。子どもから高齢者まで，健常者から障害者まで，すべての人々が楽しく暮らせる社会をデザインするものなのです。ユニバーサルデザインの理念は，誰一人取り残さない，排除されない，皆が社会の一員としてそれぞれの役割を果たすことができる，インクルーシブな社会を目指すものです。

1）　ユニバーサルデザインの位置づけ

　デザインの歴史を振り返ってみると，それぞれの時代にデザインは大きな影

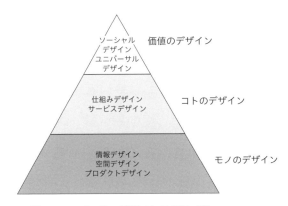

図1　ユニバーサルデザインの位置づけ

響を与えてきたと言えます。1920年代から1960年代までは，工業デザインを中心に，プロダクトや形をデザインする傾向にありました。1970年代から1990年代に入ると，情報デザインを中心とした，プロダクトや形だけではない「人とモノや環境との関係性に形を与える方法論」へと移行していきました。そして2000年代に入り，「知識や経験をデザインするもの」へとデザインの考え方が推移していきました（紺野，2014）。つまり，新しい技術ではなく人間の行動や振る舞いをもとに，その時代に則した最適なデザインをすることが重要視され，「モノと人間の関係性におけるコトのデザイン」が注目されてきました。

　さらに，近年は，社会があるべき姿を探り未来を描くためのビジョンづくりのため，多様な価値が包摂され，新しい価値を創造，発信し，それが世界で共感されリスペクトされていく「価値デザイン社会」（日本知的財産戦略本部，2021）を目指しています。

　このように，デザインに求められる社会的意義の変革に伴い，工学の対象としてのプロダクトデザインや空間のデザインなどといった「モノ」のデザインアプローチから，「サービスデザイン」「仕組みデザイン」などの「コト」のデザイン，そして，「ソーシャルデザイン」「SDGsのデザイン」など「価値」のデザインといったところまで発展してきています（図1）。

　ユニバーサルデザインは**価値のデザイン**として，モノのデザイン，コトのデザインといったすべてのデザイン分野において，常にユニバーサルである必要があります。芸術工学におけるユニバーサルデザインでは，人間と製品の適合

性を考慮し，5つの側面に配慮すべきです（ユニバーサルデザイン研究会，2017）。

①身体の適合性——身体寸法や姿勢に対するモノの位置，形状の適切さ，動作
　に対する適切さなど
②情報的適合性——利用者の思考の筋道にあっているか，利用者の知覚，認知，
　情報処理に対する適切さなど
③時間的適合性——作業時間や休憩時間の適切さ
④環境的適合性——モノを利用する際の明るさ，騒音，温熱などの環境の適切
　さ
⑤運用的適合性——円滑なサービス提供に配慮があるか，運用サービスの適切
　さ

　そして，情報デザインにおけるユニバーサルデザインでは，ウェブサイト，動
画，印刷物などさまざまな媒体から発信される情報を伝達するため，視聴覚を
はじめとする五感を介して受信させ，判断，行動までを促すための工夫が必須
となります。例えば，高齢者，弱視者にもわかりやすいユニバーサルデザイン
フォント，情報が一目で理解できるピクトグラム，さまざまな対象者の特徴に
応じた文字サイズ，色の組み合わせ，図表の表現，文章のレイアウト，音声の
表現，多言語表現などの工夫などが挙げられます。
　また，サービスデザインにおけるユニバーサルデザインでは，サービスを提
供する側（運営者）と受ける側（多様なユーザー）がより良いサービスを提供，
受け取る仕組みをつくり，連続した体験に応じるユニバーサルデザインの工夫
が必要です。例えば，福岡市の地下鉄七隈線は，入り口，通路，エレベーター，
券売機，改札，ホーム，車両，トイレ，売店，出口など，一連の乗車降車行為
に対して，設備，空間，情報，運営などの面で，さまざまな人々のニーズに対
応する世界一のユニバーサルデザインをもつ地下鉄と言われています。具体例
としては，バリアフリー設備としての全駅へのエレベーター，エスカレーター
設置，弱視者への点字表示，警告・誘導ブロック，音案内，優先座席，転落防
止設備，案内板の多言語表記などです。しかしながら，ここでの注意点は，多
様な利用者に，100パーセント満足してもらえる環境を一度に創ることは困難

であり，その不足を補うには，社会を構成する私たち一人ひとりが心のバリアをなくし，さらに接遇・接客の担当者が，利用者一人ひとりの求めるニーズをしっかりと理解し適切なサポートを提供することが重要だということです。ハード面の限界はソフト面で補うことができると考え，同時にハード面の改善点にさえも気づくことができるのです。

2) ユニバーサルデザインのプロセス

ISO13407（1999）は，**人間中心設計**の開発プロセスを規定しています。この人間中心設計の開発プロセスおよびデザイン思考（ブラウン，2019）を融合した，人間中心のユニバーサルデザインのプロセスは以下のとおりと考えます（図2）。

①多様性を理解する

多様な能力，背景をもつ人々がどのように・なぜ行動するか，身体的・感情的なニーズは何か，世界をどのようにとらえているか，彼らにとって有意義なものとは何かを理解します。時代的背景，文化的背景の中で，多様性を理解することは，ユニバーサルデザインの核となる重要な第一段階です。

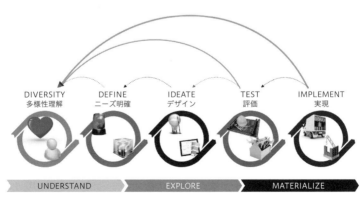

図2　ユニバーサルデザインのプロセス

②潜在的ニーズを探る

　焦点を絞り込み，行動の背景にある潜在的な要求を抽出します。ユーザーや周囲の環境から学んだことをもとにして，取り組んでいる真の課題を定義することは，ユニバーサルデザインの意味づけをするプロセスといえます。

③デザインを行う

　ユーザーのニーズに応えるコンセプトをつくり，アイデアを創出することに焦点を当てたプロセスです。ユーザーに対して，機能性とデザイン性の融合した革新的な解決策を提供します。

④多視点的評価を行う

　最終的な解決策に近づくために，プロトタイプを複数作成し，評価するプロセスです。新たな課題を洗い出したり，改善を繰り返したりしながら，より適したデザインを目指します。評価のためには，ユーザー評価，専門家評価など多視点的評価も重要です。

⑤デザイン提案を実現する

　デザイナーはユーザーと共に解決案をつくり，検証されたデザイン提案を実現します。ただし，デザイン提案は常に評価を続け，プロトタイプの作成を繰り返しながら最終的な提案を実行します。

　このユニバーサルデザインのプロセスは，直線的なものではなく，プロセスをさかのぼって再試行することをよしとするものであり，改善や再考を繰り返しながら，よりユーザーにとって満足度の高いデザインを目指します。

(3)　芸術工学からみたユニバーサルデザインの課題と今後の発展

　ユニバーサルデザインの課題点としては，ユーザーの個々の多様性，および多様性が常に変化しているということが挙げられます。デザイナーは，個々の身体特性，階級，文化，民族的背景を超える多様性も考慮する必要があるので

す。十人十色の言葉が示すように，人々は幅広い個人差をもちますので，それら多岐にわたるニーズを満たすように対応し，ユニバーサルデザインを行うことは，現場にいるデザイナーにとっては難しいことです。さらに，時代，環境に応じて，この多様性も常に変化しており，このような変化に常に対応することもたいへん困難です。

　また，機能性と審美性の親和性も課題であるといえます。ユニバーサルデザインは特別なニーズを抱えた人のためだけのものと認識している人が多く，機能を満たしているものの，デザインの創造性が欠けていることが多くあります。こういった課題にはどう対応するべきか，デザイナーだけで解決するべき問題なのか，技術の発展で解決できるものなのか，といった点です。デザイナーにとっては，ユニバーサルデザインは障害者を含むユーザーのため（design for）ではなく，ユーザーをデザインパートナーとすること（design with）が必要であると，IDEO共同設立者のビル・モグリッジ氏は述べました。

　「私たちは誰か他の人々のために製品やサービスをデザインすることよりも，自分たちのためにデザインするほうがはるかに容易だと感じる」（Moggridge, 2001）。また，ユニバーサルデザインの発展は，デザイナー単独だけで成せるものではなく，ユーザー，顧客，教育，行政などさまざまなステークホルダーの協力が必要です。そういった連携があれば，新しい技術を活かし，機能性を満たすと同時にエモーショナルな面も満たせるようなユニバーサルデザインも期待することができます。

　ユニバーサルデザインの理想像は，ひとつの目的に対して，多様なソリューションを提供し，個々の身体特性，認知特性に応じて自ら選択することができる社会です。例えば，高齢者が食料品を購入したい場合を想定しましょう。移動手段としては，自家用車，公共交通機関，タクシーなどの選択肢があり，購入には，スーパーマーケットでの購入，コンビニエンスストアでの購入，インターネットでの購入など多くの選択肢があり，それらすべての実現可能性やコスト，個人の利便性などについて判断し，最も自分に合っている選択肢を選ぶことが大切です。さらに，ハード的な面で対応できない場合，ソフト的な対応で補うことにも，個別技術から社会システムまでの総合的なアプローチが必要で，それは固定されるべきものではなく，時代とともに変化する社会にチャレ

ンジするプロセスでなければなりません。すなわち，ユニバーサルデザインの
出番となるのです。

〔張 彦芳〕

　　考えてみよう

1. ユニバーサルデザインの大事なポイントは多様性の理解です。あなたなら，
   多様性をよく理解するために，どのようなことをしますか。
2. ユニバーサルデザインは，デザイナーだけではなく，行政，教育機関，一
   般市民が連携して，共に取り込む必要があります。学生であるあなたは，普
   段の生活の中でどのようにユニバーサルデザインに取り組むことができる
   でしょうか。

あとがき

　九州大学基幹教育では，「アクセシビリティ×ユニバーサルデザイン×障害＝社会的イノベーション」をコンセプトとした授業が5科目開講されています。また，九州大学らくちんラボ（旧九州大学キャンパスバリアフリー検討研究会）では，本書の複数の執筆者を含む多専門領域のメンバーが集い，誰もがらくに移動でき，らくに情報を入手でき，気楽な時間を過ごせて，楽しく社会参加できる，誰一人取り残さない共生社会のモデルとなるインクルーシブな未来型キャンパスの構築を目指しています。

　これらに共通するコンセプトは，「障害」を支援の対象とみるのではなく，マジョリティとは異なる世界の見え方を提供可能とする存在だととらえていることです。どのような観点を提供しているのかを考えるために，本書では，それぞれの障害状況から紹介してきました。社会に存在する障害，つまり社会的障壁を除去あるいは低減するために，どのような技術的・物理的・文化的・制度的・心理的アプローチがありうるのか，マジョリティ性の壁を崩すには何が求められるのか，このことを深く思考することは，わたしたちの「あたりまえ」を問うこととなり，この問いがイノベーションへと通じていきます。そして，さらには，今の自分にみえている世界観・人間観・価値観をも大きく揺るがし，新たなそれらへの創造にもつながっていくと考えます。

　ビジネスの世界においては，ダイバーシティを推進しインクルーシブな環境の企業では高い売上高を獲得していくことや，科学研究の発展においては，多様性のある研究チームがより優れた論文を報告していることも示されています。このように，多様性を包摂することによって，イノベーションが起きていくことは多くの領域で証明済みです。

　本書が，「障害」をキーワードに，多様な障害状況を出発点として，多様な学問領域を超えた社会的意義のある共創を積み重ね，社会的イノベーション創出のための萌芽を生じさせることで，全てのひとの生きやすさを支えるための一

助となることを祈っています。

　最後に，このような考えを発信する機会を与えてくださり，本書発刊にあたって多大なご支援をいただいた北大路書房の森光佑有氏に心より感謝いたします。

2023 年 3 月　田中 真理

引用文献・参考文献

I

● 1

藤井克徳 (2014)．　私たち抜きに私たちのことを決めないで―障害者権利条約の軌跡と本質―　やどかり出版

厚生労働省社会・援護局障害保健福祉部企画課 (2002)．「国際生活機能分類―国際障害分類改訂版―」(日本語版) の厚生労働省ホームページ掲載について　https://www.mhlw.go.jp/houdou/2002/08/h0805-1.html (2023 年 3 月 16 日閲覧)

内閣府 (2018)．　障害者基本計画 (第 4 次)　https://www8.cao.go.jp/shougai/suishin/pdf/kihonkeikaku30.pdf (2023 年 3 月 16 日閲覧)

Sarett, J. C. (2018). Autism and accommodations in higher education: Insights from the autism community. *Journal of Autism and Developmental Disorders*, **48**(3), 679–693.

II

● 2

韓　星民 (2012)．　情報福祉論の新展開―視覚障害者用アシスティブ・テクノロジーの理論と応用―(pp. 1–233)　明石書店

SungMin H.（2016). Haptic aids for the visually impaired. In H. Kajimoto, S. Saga & M. Konyo (Eds.), *Pervasive haptics: Science, design, and application* (pp. 221–229). Springer.

● 3

ミライロ (2019)．　障害者手帳アプリ「ミライロ ID」をリリース―障害のある人の移動や生活をもっと便利に，もっと自由に―　https://www.mirairo.co.jp/information/post-12828 (2023 年 3 月 16 日閲覧)

文部科学省初等中等教育局特別支援教育課 (2021)．　障害のある子供の教育支援の手引―子供たち一人一人の教育的ニーズを踏まえた学びの充実に向けて―　https://www.mext.go.jp/content/20210629-mxt_tokubetu01-000016487_01.pdf (2023 年 3 月 16 日閲覧)

高松鶴吉・佐々木正美 (1991)．　病名別・症状別にみる医学ケア　保育者・教師のための障害児医学ケア相談事典 1　学研

筑波大学附属桐が丘養護学校 (2005)．　肢体不自由教育における小中高一貫の教育計画と評価　文部科学省特殊教育研究協力校研究成果報告書

● 4

朝倉俊成・野崎征支郎・清野弘明・阿部隆三 (1999)．　外食時のインスリン自己注射に関する実態調査　糖尿病，**42**(7)，537–540.

厚生労働省社会・援護局障害保健福祉部・国立障害者リハビリテーションセンター (2008)．　高次脳機能障害者支援の手引き　改訂第 2 版　http://www.rehab.go.jp/application/files/7016/7461/6002/5369b8c1e096d2fb1ae33cb308cb64ed.pdf (2023 年 3 月 16 日閲覧)

厚生労働省社会・援護局障害保健福祉部企画課 (2018)．　平成 28 年生活のしづらさなどに関する調査 (全国在宅障害児・者等実態調査) 結果の概要　https://www.mhlw.go.jp/toukei/list/seikatsu_chousa_b_h28.html (2023 年 3 月 16 日閲覧)

文部科学省初等中等教育局特別支援教育課（2021）．　障害のある子供の教育支援の手引―子供たち一人一人の教育的ニーズを踏まえた学びの充実に向けて―　https://www.mext.go.jp/content/20210629-mxt_tokubetu01-000016487_01.pdf（2023 年 3 月 16 日閲覧）

中島八十一（2011）．　日本における高次脳機能障害者支援システムの構築　高次脳機能研究（旧失語症研究），**31**（1），1-7.

日本学生支援機構学生生活部障害学生支援課（2022）．　令和 3 年度（2021 年度）大学，短期大学及び高等専門学校における障害のある学生の修学支援に関する実態調査結果報告書　https://www.jasso.go.jp/statistics/gakusei_shogai_syugaku/__icsFiles/afieldfile/2022/08/17/2021_houkoku_2.pdf（2023 年 3 月 16 日閲覧）

日本小児内分泌学会糖代謝委員会（2016）．　「1 型糖尿病患児に対する幼稚園・保育所の入園拒否の実態」に関する日本小児内分泌学会評議員へのアンケート調査報告書　http://jspe.umin.jp/iframe/files/report_161221.pdf（2023 年 3 月 16 日閲覧）

● 5

藤田　保（1999）．　聴覚障害外来を訪れる人たち　村瀬嘉代子（編）　聴覚障害者の心理臨床（pp. 99–120）日本評論社

補聴器供給システムの在り方研究会（2004）．　適正な補聴器普及普及のための供給システムに関する調査　補聴器供給システムの在り方に関する研究　3 年次報告書

市田泰弘・難波友加・伏原桃子・三宅三枝子・吉井美樹（2001）．　日本手話母語話者人口推計の試み　日本手話学会第 27 回大会予稿集，**27**，42–45.

庵　功雄（2016）．　やさしい日本語―多文化共生社会へ―　岩波書店

岩山　誠（2013）．　聴覚障害者の職場定着に向けた取り組みの包括的枠組みに関する考察地域政策科学研究，**10**，1–24.

河﨑佳子（2014）．　特別支援学校（聴覚障害）における「心理的支援スタッフ」についてのアンケート調査　聴覚障害教育の現状と課題，**11**，113–114.

厚生労働省社会・援護局障害保健福祉部企画課（2022）．　難聴児の早期発見・早期療育推進のための基本方針　https://www.mhlw.go.jp/content/12401000/000902484.pdf（2023 年 3 月 16 日閲覧）

Marschark, M.（1993）. *Psychological developmental of deaf children*. New York: Oxford University Press.

松﨑　丈（2012）．　東日本大震災で被災した聴覚障害者における問題状況―情報アクセスの観点から―　宮城教育大学特別支援教育総合研究センター紀要，**8**，15–32.

松﨑　丈（2019）．　聴覚障害学生支援における合理的配慮をめぐる実践的課題　宮城教育大学紀要，**53**，255–266.

総務省（2021）．　令和 2 年度の字幕放送等の実績　https://www.soumu.go.jp/menu_news/s-news/01ryutsu09_02000282.html（2023 年 3 月 16 日閲覧）

内田伸子（1999）．　発達心理学―ことばの獲得と教育―　岩波書店

臼井久実子（2004）．　欠格条項撤廃に取り組んで―聴覚障害者の立場から―　コミュニケーション障害学，**21**，129–136.

ビデオリサーチ（2022）．　字幕付き CM に対する評価，効果等に関する調査 2022【報告書】　https://www.jaaa.ne.jp/wp-content/uploads/2022/07/20220721_jimaku_01.pdf（2023 年 3 月 16 日閲覧）

● 6

Barkley, R. A.（1997）. Behavioral inhibition, sustained attention, and executive functions: Constructing a unifying theory of ADHD. *Psychological Bulletin*, **121**（1）, 65.

Baron-Cohen, S., Leslie, A. M., & Frith, U.（1985）. Does the autistic child have a "theory of mind". *Cognition*, **21**（1）, 37–46.

Cappadocia, M. C., Weiss, J. A., & Pepler, D.（2012）. Bullying experiences among children and youth with autism spectrum disorders. *Journal of Autism and Developmental Disorders*, **42**(2), 266–277. doi: 10. 1007/s10803-011-1241-x

経済産業省中小企業庁(2018). 我が国産業における人材力強化に向けた研究会(人材力研究会)報告書 https://www.meti.go.jp/report/whitepaper/data/pdf/20180319001_1.pdf(2023年3月16日閲覧)

Senju, A., Southgate, V., White, S., & Frith, U.(2009). Mindblind eyes: An absence of spontaneous theory of mind in Asperger syndrome. *Science*, **325**(5942), 883–885.

Sonuga-Barke, E., Bitsakou, P., & Thompson, M.(2010). Beyond the dual pathway model: Evidence for the dissociation of timing, inhibitory, and delay-related impairments in attention-deficit/hyperactivity disorder. *Journal of the American Academy of Child & Adolescent Psychiatry*, **49**(4), 345–355.

Yokota, S., & Tanaka, M.(2013). Development of deceptive behavior in children with autism spectrum disorder. *Journal of Special Education Research*, **2**(1), 1–9.

● 7

International Statistical Classification of Diseases and Related Health Problems 10th Revision. 世界保健機関(WHO)(2013). ICD10 国際疾病分類第10版

Kessler, R. C., Angermeyer, M., Anthony, J. C., de Graaf, R., Demyttenaere, K., Gasquet, I., . . . Üstün, T. B.(2007). Lifetime prevalence and age-of-onset distributions of mental disorders in the World Health Organization's World Mental Health Survey Initiative. *World Psychiatry*, **6**, 168–176.

Kessler, R. C., Berglund, P., Demler, O., Jin, R., Merikangas, K. R., & Walters, E. E.(2005). Lifetime prevalence and age-of-onset distribution of DSM-IV disorders in the National Comorbidity Survey Replication. *Archives of General Psychiatry*, **62**, 593–602.

厚生労働省(2022). 人口動態調査 5大疾患 5事業 児童生徒の自殺対策について https://www.mhlw.go.jp/index.html(2023年3月16日閲覧)

日本精神神経学会(監修)高橋三郎・大野 裕(監訳)(2014). DSM-5 精神疾患の診断・統計マニュアル 医学書院

Ojio, Y., Yonehara, H., Taneichi, S., Yamasaki, S., Ando, S., Togo, F., . . . Sasaki, T.(2015). Effects of school-based mental health literacy education for secondary school students to be delivered by school teachers: A preliminary study. *Psychiatry and Clinical Neurosciences*, **69**(9), 572–579.

齊藤淳一・片桐直之・根本隆洋・水野雅文(2016). 精神疾患の予防・早期介入(総論) 精神科, **29**(4), 263–268.

III

● 8

磯部恭子・白澤麻弓(2012). 東北地区大学支援プロジェクト報告書 筑波技術大学障害者高等教育研究支援センター

加藤伸子・内藤一郎・皆川洋喜・河野純大・村上裕史・西岡知之・白澤麻弓(2004). 聴覚障害学生の講義保障支援のための遠隔地手話通訳システムの検討 電子情報通信学会技術研究報告 HCS, ヒューマンコミュニケーション基礎, **103**(742), 19–24.

小林正幸・西川 俊・石原保志・高橋秀知(1997). 聴覚障害学生のためのリアルタイム字幕提示システム(3) 電子情報通信学会技術研究報告 ET, 教育工学, **97**(397), 25–29.

栗田茂明(2016). IPtalkの開発とパソコン要約筆記―聴覚障害者のための情報保障― 情報管理, **59**(6), 366–376.

三好茂樹・河野純大・西岡知之・白澤麻弓・皆川洋喜・長南浩人…小林正幸(2007). 遠隔地リアルタイム字幕提示システム等情報保障手段による支援とそのシステム開発 筑波技術大学テクノレポート, **14**, 61–67.

パソコン要約筆記サークル「ラルゴ」(2009).　遠隔パソコン要約筆記による情報保障事業報告集　http://
　　s-kurita.net/largo/largo_report2008_WAM.pdf（2023 年 3 月 16 日閲覧）

● 9

浅田一憲 (2010).　色のシミュレータ　http://asada.tukusi.ne.jp/cvsimulator/j/index.html（2023 年 3 月 16
　　日閲覧）

Brettel, H., Viènot, F., & Mollon, J. D. (1997). Computerized simulation of color appearance for dichromats.
　　Journal of Optical Society of America A, **14**(10), 2647–2655.

「地域の色・自分の色」実行委員会・秋田喜代美 (2019).　色から始まる探求学習 ― アートによる自分づ
　　くり・学校づくり・地域づくり　明石書店

カラーユニバーサルデザイン推奨配色セット制作委員会 (2018).　カラーユニバーサルデザイン推奨配
　　色セットガイドブック第 2 版　https://jfly.uni-koeln.de/colorset/CUD_color_set_GuideBook_2018.pdf
　　（2023 年 3 月 16 日閲覧）

Dougherty, B., & Wade, A. (2000). Vischeck.　http://www.vischeck.com/（2022 年 11 月 28 日閲覧）

Graham, C. H., & Hsia, Y. (1958). Color defect and color theory: Studies of normal and color-blind persons,
　　including a subject color-blind in one eye but not in the other. *Science*, **127**(3300), 675–682.

羽野　暁・須長正治・中牟田麻弥 (2021).　2 色覚を基点にした色覚多様性に配慮したサイン　デザイ
　　ン学研究作品集, **27**(1), 104–109.

城　雄二・玉井純子 (1994).　クレパスの色が見分けられますか ― 「色覚異常」をのりこえる ―　創知
　　社

川端裕人 (2020).　「色のふしぎ」と不思議な社会 ― 2020 年代の「色覚」原論 ―　筑摩書房

宮澤佳苗・中内茂樹・篠森敬三 (2008).　カラーユニバーサルデザインツールとしての色弱模擬フィル
　　タ　日本色彩学会誌, **32**(1), 31–36.

中村かおる (2012).　先天色覚異常の職業上の問題点　東京女子医科大学雑誌, **82**, E59–E65.

太田安雄・清水金郎 (1999).　色覚と色覚異常 ― これだけは知っておきたい理論と実際 ― 金原出版

Pitt, F. H. G. (1935). Characteristics of dichromatic vision. Medical Research Council Special Report Series,
　　No. 200. London: His Majesty's Stationery Office.

佐藤尊之 (2005).　東洋インキ製造株式会社　色票　特開 2005-246830　2005-09-15.

佐藤尊之 (2010).　東洋インキ製造株式会社　色を選択する方法　特許第 4507641 号　2010-07-21.

須長正治・桂　重仁・光安祥代　(2017).　S 錐体刺激値差を手掛かりとした 3 色覚と強度異常 3 色覚
　　の視覚探索能の比較　日本色彩学会誌, **41**(4), 154–160.

須長正治・城戸今日子・桂　重仁 (2018).　系統色名カテゴリを用いた 2 色覚基点のカラーユニバーサ
　　ルデザイン配色法の提案　日本色彩学会誌, **42**(5), 209–217.

高柳泰世 (1998).　たたかえ！色覚異常者 ― 「色盲・色弱」は病気ではなく，個性なのです ―　主婦の
　　友社

Yoshitake, K., Kido, K., Hano, S., Katsura, S., & Sunaga, S. (2019). Development of a color sample set from
　　the viewpoint of dichromats for color universal design. Proceedings of the 5th Conference of Asia
　　Colour Association, 616–671.

● 10
なし

● 11
なし

● 12

バリアフリー法及び関連施策のあり方に関する検討会 (2020)．バリアフリー法に基づく基本方針における次期目標について（最終とりまとめ）　1．次期目標に向けた見直しの視点　3．次期目標に関する考え方　https://www.mlit.go.jp/report/press/content/001373538.pdf（2023 年 3 月 16 日閲覧）

Garvey, P. et al.（2004）. New font and arrow for national park servise guide signs. *Journal of the Transportation Research Board*, **1862**, 1–9.

国土交通省総合政策局バリアフリー政策課 (2022)．公共交通機関の旅客施設に関する移動等円滑化整備ガイドライン―バリアフリー整備ガイドライン　旅客施設編―　p.98　https://www.mlit.go.jp/sogoseisaku/barrierfree/content/001475234.pdf（2023 年 3 月 16 日閲覧）

工藤真生 (2020)．知的障害者にわかりやすいサイン　デザイン学研究作品集, **26**(1), 1112–1117.

Kudo, M.（2022）. Graphic Design of Pictograms Focusing on the comprehension of People with Intellectual Disabilities: The next step in standardization. *Pictogram Design and Evaluation Methods Visible Language*, 0022-2224, **56**(3), 58–85.

工藤真生・山本早里 (2014)．ユニバーサルに配慮したピクトグラム の諸条件に関する研究―知的障害に着目して―　デザイン学研究, **60**(6), 21–28.

Murray, L. A. et al.（1998）. Prohibitive pictorials: Evaluations of different circle-slash negation symbols. *International Journal of Industrial Ergonomics*, **22**, 473–482.

● 13

なし

Ⅳ

● 14

福祉社会学会 (2013)．福祉社会学ハンドブック―現代を読み解く 98 の論点―　中央法規出版

猪瀬浩平 (2020)．ボランティアってなんだっけ　岩波書店

エリック・クリネンバーグ（著）(2018) 藤原朝子（訳）(2021)．集まる場所が必要だ―孤立を防ぎ，暮らしを守る「開かれた場」の社会学―　英治出版

小松理佐子・高野和良 (2023 近刊)．人口減少時代の生活支援論　ミネルヴァ書房

松原治郎・副田義也 (1966)．福祉社会学　川島書店

レイ・オルデンバーグ（著）(1989) マイク・モラスキー（解説）忠平美幸（訳）(2013)．サードプレイス―コミュニティの核になる「とびきり居心地よい場所」―　みすず書房

ロバート・パットナム（著）(2000) 柴内康文（訳）(2006)．孤独なボウリング―米国コミュニティの崩壊と再生―　柏書房

齋藤純一 (2000)．公共性　シリーズ思考のフロンティア　岩波書店

副田義也 (2008)．福祉社会学宣言　岩波書店

高野和良 (2020)．調査困難者と社会調査―声を出しづらい人々の声をすくい上げるには―　社会と調査, **24**, 5–10.

高野和良（編）(2022)．新・現代農山村の社会学　学文社

武川正吾・森川美絵・井口高志・菊地英明 (2020)．よくわかる福祉社会学　ミネルヴァ書房

竹内愛二 (1966)．実践福祉社会学　弘文堂

ピーター・タウンゼント（著）(1963) 山室周平（訳）(1974)．居宅老人の生活と親族網―戦後東ロンドンにおける実証的研究―　垣内出版

湯浅　誠 (2021)．つながり続けるこども食堂　中央公論新社

● 15

International Society for Rehabilitation of the Disabled (1974). BARRIER FREE DESIGN. Report of the United Nations Expert Group Meeting on Barrier Free Design.

● 16

マーサ・C・ヌスバウム（著）神島裕子（訳）(2012)．　正義のフロンティア―障碍者・外国人・動物という境界を越えて―　法政大学出版局

アマルティア・セン（著）池本幸生（訳）(2011)．　正義のアイデア　明石書店

Stein, M. A., & Stein, P. J. S. (2007). Beyond disability civil rights. *Hastings Law Journal*, **58**(6), 1203–1240.

tenBroek, J. (1966). The right to live in the world: The disabled in the law of torts. *California Law Review*, **54** (2), 841–919.

内野正幸（2016）．　差別・貧困と障害者の権利　後藤玲子（編）　正義（pp. 85–94）　ミネルヴァ書房

植木　淳（2011）．　障害のある人の権利と法　日本評論社

● 17

安藤昌也（2016）．　UXデザインの教科書　丸善出版

浜本　満（1996）．　差異のとらえ方―相対主義と普遍主義―　清水昭俊（編）　思想化される周辺世界　岩波講座文化人類学12　岩波書店

星加良司（2007）．　障害とは何か？―ディスアビリティの社会理論に向けて―　生活書院

飯嶋秀治ほか（2022）．　文化人類学―感染症も経済も、世の中は全て文化人類学の研究対象になる―　深井龍之介・野村高文（著）　視点という教養（リベラルアーツ）―世界の見方が変わる7つの対話（pp. 59–96）―　イーストプレス

井上達夫（1986）．　共生の作法―会話としての正義―　創文社

北川亘太・比嘉夏子・渡辺隆史（2020）．　地道に取り組むイノベーション―人類学者と制度経済学者がみた現場―　ナカニシヤ出版

ブラニスワフ・マリノフスキー（著）(1922). 増田義郎（訳）(1980)．　西太平洋の遠洋航海者　泉　靖一（編）　マリノフスキー　レヴィ＝ストロース　世界の名著71（pp. 55–342）　中央公論社

Murphy, K. M. (2016). Design and anthropology. *Annual Review of Anthropology*, **45**, 433–449.

太田好信（1998）．　トランスポジションの思想―文化人類学の再想像―　世界思想社

竹沢尚一郎（2001）．　表象の植民地帝国―近代フランスと人文諸科学―　世界思想社

ジリアン・テット（著）(2021) 土方奈美（訳）(2022)．　Anthro Vision（アンソロ・ビジョン）―人類学的思考で視るビジネスと世界―　日本経済新聞出版

● 18

喜多村和之（1999）．　「ユニバーサル化」とは何か　高等教育研究紀要, **17**, 1–9.

両角亜希子（2020）．　組織のマネジメント　小方直幸（編）　大学マネジメント論［新訂］　放送大学教育振興会

中井俊樹（2019）．　大学の組織と運営　大学SD講座1　玉川大学出版部

中島英博（2019）．　大学教職員のための大学組織論入門　ナカニシヤ出版

H. ストループ（著）松原治郎・小野　浩・石田　純（訳）(1972)．　大学の官僚制　大学問題シリーズ2　東京大学出版会

● 19

文化庁・九州大学共同研究チーム（編）(2021)．　文化事業の評価ハンドブック　―新たな価値を社会にひらく―　SAL BOOKS 3　水曜社

飯野由里子・星加良司・西倉実季（2022）．　「社会」を扱う新たなモード―「障害の社会モデル」の使い

方一　生活書院

九州大学ソーシャルアートラボ（2018）．ソーシャルアートラボ―地域と社会をひらく―　水曜社

九州大学ソーシャルアートラボ（編）（2021）．アートマネジメントと社会包摂―アートの現場を社会に
　　ひらく―　SAL BOOKS 2　水曜社

杉野昭博（1997）．「障害の文化」と「共生」の課題　青木　保・内堀基光・梶原景昭・小松和彦・清水昭
　　俊・中林伸浩…山下晋司（編）　異文化の共存　岩波講座文化人類学第8巻（pp. 250-267）　岩波書
　　店

吉野さつき（2021）．人からはじまるアートマネジメント　九州大学ソーシャルアートラボ（編）　アー
　　トマネジメントと社会包摂―アートの現場を社会にひらく―　SAL BOOKS 2　水曜社

● 20

生島　嗣（2004）．LIVING TOGETHERという戦略―リアリティをどう共有するのか―　*The Journal
　　of AIDS Research*（日本エイズ学会誌），**6**(3)，12-28.

川内有緒（2021）．目の見えない白鳥さんとアートを見にいく　集英社

中村美亜（2013）．音楽をひらく―アート・ケア・文化のトリロジー―　水声社

澤田智洋（2021）．マイノリティデザイン―弱さを生かせる社会をつくろう―　ライツ社

マシュー・サイド（2021）．多様性の科学―画一的で凋落する組織，複数の視点で問題を解決する組
　　織―　ディスカヴァー・トゥエンティワン

● 21

Moodle. (n.d.). Retrieved August 23, 2022 from https://moodle.org/

Shiino, T., Shimada, A., Minematsu, T., & Taniguchi, R. (2020). Learning support through personalized
　　review material recommendations. In H-J. So, M. M. Rodrigo, J. Mason, A. Mitrovic, M. P. Banawan, M.
　　N. BT. MD. Khambari, . . . C. Yin (Eds.), *ICCE 2020: 28th international conference on computers in
　　education conference proceedings Vol. 2*(pp. 137-143). Asia-Pacific Society for Computers in Education.

島田敬士（2020）．大学教育における学習分析の活用事例　情報処理学会論文誌教育とコンピュータ，**6**
　　(2)，16-24.

島田敬士（2021）．学習者主体型教育を実現する学習分析基盤　電子情報通信学会誌，**104**(8)，867-871.

Taniguchi, Y., Owatari, T., Minematsu, T., Okubo, F., & Shimada, A. (2022). Live sharing of learning activities
　　on e-books for enhanced learning in online classes. *Sustainability*, **14**(12), 6946.

Wong, B. T-M., & Li, K. C. (2020). A review of learning analytics intervention in higher education (2011-
　　2018). *Journal of Computers in Education*, **7**, 7-28.

● 22

ティム・ブラウン（著）千葉敏生（訳）（2019）．デザイン思考が世界を変える―イノベーションを導く
　　新しい考え方―　早川書房

知的財産戦略本部構想委員会本会合価値デザインワーキンググループ（2021）．価値デザイン経営の普
　　及に向けた基本指針―ニュー・ノーマルにおける価値デザイン社会の実現を目指して―　https://
　　www.kantei.go.jp/jp/singi/titeki2/tyousakai/kousou/kachi_design_wg/pdf/kihonsisin.pdf（2023年3月
　　16日閲覧）

ISO13407（1999）．Human-centered process for interactive systems.

片野　博・佐藤　優・森川昌嗣・古賀　徹・富松　潔（2000）．芸術工学研究―九州芸術工科大学設立
　　に至るまでの審議経過をとおして―A study on "Design" of Kyushu Institute of Design: Through the
　　idea and process under discussions to establish K. I. D.　芸術工学研究，**2**，11-33.

川崎和男（2023）．デザインのことば―デザインボキャブラリーの再定義―　http://www.kazuokawasaki.
　　jp/kk/9_designlang.html（2023年3月16日閲覧）

研究院長戦略室編集 (2019). 九州大学大学院芸術工学研究院 研究者誌

紺野 登 (2014). 「モノ」のデザインから「コト」のデザインへ―HCD-Net フォーラム 2014：基調講演
　　レポート― https://bizzine.jp/article/detail/23?p=2（2023 年 3 月 16 日閲覧）

Moggridge, B. (2001). The word according to Bill. *Design Council*, **6**, 12–13.

ユニバーサルデザイン研究会 (2017). 人間工学とユニバーサルデザイン―実践ヒューマンセンタード
　　デザインのもの作りマニュアル― 日本工業出版

索　引

執筆者一覧（執筆順）

田中真理（たなか まり）　　　　　【1章，あとがき】　　編者

韓　星民（はん すんみん）　　　　【2章】　福岡教育大学特別支援教育ユニット 准教授

一木　薫（いちき かおる）　　　　【3章】　福岡教育大学特別支援教育ユニット 教授

深澤美華恵（ふかさわ みかえ）　　【4章】　福岡教育大学教育学部 准教授

松﨑　丈（まつざき じょう）　　　【5章】　宮城教育大学教育学部 教授

横田晋務（よこた すすむ）　　　　【6章，まえがき】　　編者

松尾寿栄（まつお ひさえ）　　　　【7章】　九州大学キャンパスライフ・健康支援センター 教授

白澤麻弓（しらさわ まゆみ）　　　【8章】　筑波技術大学障害者高等教育研究支援センター 教授

須長正治（すなが しょうじ）　　　【9章】　九州大学大学院芸術工学研究院 教授

加藤公敬（かとう きみたか）　　　【10章】　一般社団法人 Future Center Alliance Japan 理事

髙野　茂（たかの しげる）　　　　【11章】　公益財団法人九州先端科学技術研究所 イノベーション・アーキテクト

工藤真生（くどう まお）　　　　　【12章】　九州大学大学院芸術工学研究院 助教

鈴木昌和（すずき まさかず）　　　【13章】　特定非営利活動法人サイエンス・アクセシビリティ・ネット 代表理事

高野和良（たかの かずよし）　　　【14章】　九州大学大学院人間環境学研究院 教授

羽野　暁（はの さとし）　　　　　【15章】　九州大学キャンパスライフ・健康支援センター 特任准教授

梶原健佑（かじわら けんすけ）　　【16章】　九州大学基幹教育院 准教授

飯嶋秀治（いいじま しゅうじ）　　【17章】　九州大学大学院人間環境学研究院 教授

田中　岳（たなか がく）　　　　　【18章】　岡山大学教学企画室 教授

長津結一郎（ながつ ゆういちろう）【19章】　九州大学大学院芸術工学研究院 准教授

中村美亜（なかむら みあ）　　　　【20章】　九州大学大学院芸術工学研究院 准教授

島田敬士（しまだ あつし）　　　　【21章】　九州大学大学院システム情報科学研究院 教授

張　彦芳（じゃん えんふぁん）　　【22章】　九州大学大学院芸術工学研究院 講師

●コラム執筆者

広瀬浩二郎（ひろせ こうじろう）　【コラム1】

長野　僚（ながの りょう）　　　　【コラム2】

紀　亮介（きい りょうすけ）　　　【コラム3】

志磨村早紀（しまむら さき）　　　【コラム4】

匿名　　　　　　　　　　　　　　【コラム5】

佐藤　武（さとう たけし）　　　　【コラム6】

編者紹介

田中真理（たなか　まり）【1章，あとがき】

九州大学基幹教育院 教授

九州大学大学院教育学研究科満期退学。博士（教育心理学）

《主著》

『知的障害者とともに大学で学ぶ―東北大学オープンカレッジ「杜のまなびや」の取り組み』（共編著）　東北大学出版会　2022 年

『共生社会へ―大学における障害学生支援を考える』（分担執筆）　東北大学出版会　2020 年

『発達障害の心理学―特別支援教育を支えるエビデンス』（分担執筆）　福村出版　2019 年

『よくわかる！大学における障害学生支援―こんなときどうする？』（分担執筆）　ジアース教育新社　2018 年

『東日本大震災と特別支援教育―共生社会にむけた防災教育を』（共編著）　慶応義塾大学出版会　2016 年

横田晋務（よこた　すすむ）【6章，まえがき】

九州大学基幹教育院 准教授

東北大学大学院教育学研究科博士課程修了。博士（教育学）

《主著》

『知的障害者とともに大学で学ぶ―東北大学オープンカレッジ「杜のまなびや」の取り組み』（共編著）　東北大学出版会　2022 年

『教育・学校心理学（ライブラリ心理学の杜 14）』（共著）　サイエンス社　2022 年

『「隠す」心理を科学する―人の嘘から動物のあざむきまで』（分担執筆）　北大路書房　2021 年

『発達障害の心理学―特別支援教育を支えるエビデンス』（分担執筆）　福村出版　2019 年

『やってはいけない脳の習慣』（共著）　青春出版社　2016 年

障害から始まるイノベーション
── ニーズをシーズにとらえ直す障害学入門

2023 年 5 月 20 日　初版第 1 刷発行

編 著 者	田 中 真 理
	横 田 晋 務
発 行 所	㈱ 北 大 路 書 房

〒603-8303　京都市北区紫野十二坊町12-8
電話代表　　（075）431-0361
Ｆ Ａ Ｘ　　（075）431-9393
振替口座　　01050-4-2083

ⓒ 2023
装丁／白沢　正
印刷・製本／（株）太洋社

Printed in Japan
ISBN978-4-7628-3223-9

特別の支援を必要とする
多様な子どもの理解
「医教連携」で読み解く発達支援

長崎大学子どもの心の医療・教育センター　監修
吉田ゆり　編著

A5 判・260 頁・本体 2200 円＋税
ISBN978-4-7628-3135-5

教育学や心理学に福祉学・医学を加えた視点，特に「医教連携」の視点から，各障害の特性，支援・指導方法等を詳説。養育の問題やキャリア教育等，コアカリキュラム外の重要課題にも言及し，特別支援教育に必須の知識を網羅する。

知的障害児の
心理・生理・病理
エビデンスに基づく特別支援教育のために

勝二博亮　編著

A5 判・240 頁・本体 2700 円＋税
ISBN978-4-7628-3188-1

知的障害児の定義やアセスメント，感覚・認知・学習・運動・言語の特性，健康上の問題とその対応，さらに，関連のある発達障害について豊富な図表と共に解説。子どもの行動背景への多角的な視点と配慮を提供する。

特別支援教育総論 ［第 2 版］
インクルーシブ時代の理論と実践

川合紀宗，若松昭彦，
氏間和仁，林田真志　編著

A5 判・276 頁・本体 2300 円＋税
ISBN978-4-7628-3220-8

特別支援教育の理念・歴史や仕組みを概説。障害のある多様な子どもの理解を深めながら教育課程と支援の方法を学ぶ。個別の指導計画，通級での指導，ICT の活用，実践的な内容も紹介。コアカリキュラムに対応。

アファンタジア
イメージのない世界で生きる

アラン・ケンドル　著
髙橋純一，行場次朗　共訳

四六判・256 頁・本体 3200 円＋税
ISBN978-4-7628-3176-8

「りんごを思い浮かべてください」と言われても何も見えない——心的イメージ形成の欠如を抱える世界中の当事者にスポットライトを当て，各人の体験・経験談を収録。アファンタジアの知覚・認知特性を知るきっかけに。